学校体育与社区体育的融合及其健身路径研究

武文杰 / 著

南方传媒 广东人民出版社
·广州·

图书在版编目（CIP）数据

学校体育与社区体育的融合及其健身路径研究 / 武文杰著. — 广州 : 广东人民出版社, 2022.12
ISBN 978-7-218-16115-0

Ⅰ.①学… Ⅱ.①武… Ⅲ.①学校体育－体育活动－研究－中国②社区－体育活动－研究－中国③健身运动－研究－中国 Ⅳ.①G807②G812.4

中国版本图书馆 CIP 数据核字（2022）第 184830 号

XUEXIAO TIYU YU SHEQU TIYU DE RONGHE JIQI JIANSHEN LUJING YANJIU
学校体育与社区体育的融合及其健身路径研究
武文杰 著

出 版 人： 肖风华

责任编辑： 马妮璐
责任技编： 吴彦斌 周星奎
装帧设计： 马静静

出版发行： 广东人民出版社
地　　址： 广州市大沙头四马路 10 号（邮政编码：510102）
电　　话：（020）85716809（总编室）
传　　真：（020）85716872
网　　址： http://www.gdpph.com
印　　刷： 北京亚吉飞数码科技有限公司
开　　本： 710mm×1000mm 1/16
印　　张： 13.75　**字　　数：** 218 千
版　　次： 2023 年 4 月第 1 版
印　　次： 2023 年 4 月第 1 次印刷
定　　价： 78.00 元

如发现印装质量问题，影响阅读，请与出版社（020-85716849）联系调换。
售书热线： 020-87716172

前　言

学校体育与社区体育是我国体育发展的重要构成，在我国体育事业的发展中占据着至关重要的地位。伴随着我国体育事业的发展，两者都取得了一定的发展成效，同时也面临着各自发展的问题。对于学校体育与社区体育来说，它们有着各自的优势和价值，两者之间相互促进、相互补充。随着社会的进步及我国体育事业发展的需要，具有天然性联系的两者有着融合发展的必要性和重要意义，同时，两者之间还存在着融合发展的可行性。在新时代，促进学校体育与社区体育的融合，利用各自的优势，实现两者的共同发展，推进我国体育事业的整体进步，具有深远的现实意义。

实现学校体育与社区体育的融合发展涉及诸多因素和系统，必须有科学理论的指导，且要以对两者的正确认识为基础。本书对学校体育与社区体育的融合及其健身路径为研究对象，对相关理论及具体的健身项目与方法进行了详细的研究。

本书共有八章。具体来说，第一章是对学校体育与社区体育基本知识的介绍，通过对各自基本概念等内容的分析，为后面的研究奠定基础。第二章是对学校体育与社区体育发展概况的研究，在对两者发展现状进行分析的基础上，对其发展走向进行了研究。第三章是对学校体育与社区体育融合的全面分析，主要从学校体育与社区体育之间的关系、学校体育与社区体育融合的必要性、学校体育与社区体育融合的现状、学校体育与社区体育融合的 SWOT 四个方面进行展开。第四章是学校体育与社区体育融合的手段与策略，主要涉及学校体育与社区体育融合的理论指导、学校体育与社区体育融合的原则、学校体育与社区体育融合的模式、学校体育与社区体育融合与发展的策略，对学校体育与社区体育融合发展提出了可行性建议。第五章至第八章是对学校体育与社区体育健身路径的研究，分别对学校体育常见健身项目与方法、社区体育常见健身项目与方法、学校体育场馆与大众健身俱乐部健身路径与方法、适合学校与社区不同群体的健身手段与方法进行了详细分析，为学校体育与社区体育健身的开展提供具体的指导。

总体上看，本书具有科学的逻辑、清晰的层次和丰富的内容，对学校体育与社区体育融合发展及各自的健身路径有着深入的分析与研究，力求理论分析深入浅出、实践指导切实可行，也期望本书能够对学校体育与社区体育的融合发展及健身活动的开展能起到一定的积极作用。

在撰写本书的过程中，笔者参考和借鉴了大量的相关文献资料，在此向其作者表示诚挚的谢意。因精力和水平有限，书中难免存在不妥之处，恳请广大读者积极批评指正。

作　者

2022 年 5 月

目　录

第一章　学校体育与社区体育概述

作为我国体育的两大重要构成,学校体育与社区体育的发展对我国体育的整体发展至关重要。促进学校体育与社区体育的发展,寻求两者的融合共生,首先需要对学校体育与社区体育的基本知识有所了解,本章是对学校体育与社区体育的概述,以为后边研究的展开奠定基础。

第一节　学校体育概述

一、学校体育的地位

学校体育是学校教育系统中不可或缺的重要组成部分。开展学校体育工作,学生学习体育知识与技能,参与体育活动来锻炼身体,能够为学习文化课知识打好身体基础。而且在学校思想品德教育中,体育也有一定程度的渗透。可见学校体育在学校教育中的地位非常重要。

学校体育的独特性在于将身体活动作为教育学生的基本载体,增强学生体质是这种教育的基本目的,因此身体本身作为一种目的的存在是不可忽视的。体育是学校教育的基本手段之一,体育对人的教育不仅包括身体,还包括精神、心理等内在层面的教育,所以从广泛的视角来看,体育是一种全面教育手段。学校以育人为宗旨,体育作为身体教育的根本手段和全面教育的有效方式,自然占据着重要的地位。

当前,在各级学校教育中,作为一门独立学科的体育已经成为主课。学校贯彻上级教育方针,积极开展体育教育,有关部门也将学校体育工作纳入国民体育工作体系中,强调通过开展学校体育教育而培养全面发展的现代化人才，提升中华民族的整体素质。当前，学校对体育教育越来越重视，通过体育教育而培养学生的健康体质、文化素质及道德素养，全面提升学生德、智、体、美、劳等综合素质，实现培养全面发展人才的目标。在学校办学与育人计划中，学校体育已经被列为重要工作。从宏观视角来看，全民健身事业的发展、体育强国战略的实施以及健康中国目标的实现都离不开学校体育这一重要基础。广大青少年学生是学校体育教育的对象，是未来中华民族繁荣发展的后备力量，通过学校体育教育，锻炼学生的强健体魄，培养学生的思想道德品质和精神品质，丰富学生的体育知识，提升学生的运动能力，使学生能够终身受益，并为未来从事国家建设工作打好身体基础。

二、学校体育的目的与任务

（一）学校体育的目的

我国体育事业的发展以面向青少年而展开体育与健康教育的学校体育为基础，在我国体育事业的发展规划中，学校体育作为战略重点而备受国家教育部门及体育部门的重视。当前，中国特色社会主义现代化建设对青少年的健康体质及综合素质提出了较高的要求，我们要立足国情和这一要求来确定学校体育的目的。基于对国情和社会发展需要的考虑，学校体育的目的被确定为：通过身体活动这一基本手段而促进学生体育与健康意识的提升，促进学生体育能力和运动锻炼能力的增强，使学生形成良好的健身锻炼习惯，促进学生身心健康和全面发展，为学生将来从事社会主义现代化建设事业而奠定良好的身体基础。

（二）学校体育的任务

1. 增强学生体质

学校体育的第一要务是增强学生体质，促进学生健康。国家建设与社会发展对学生的健康素养提出了较高的要求，要通过学校体育来适应新需求和满足新需求，强身健体的健康功能是体育的本质功能，通过学校体育增强学生体质就是要充分发挥体育的本质功能。

青少年学生处于身心发展的重要阶段，随着身心不断发展，生长发育越来越稳定和完善，生理机能水平日渐提升，身心适应能力也逐步增强，他们以旺盛的生命力和良好的精神状态投入学习中，表现出朝气蓬勃的美好一面。因此，要抓住青少年学生身心发展的关键期，把握好其身心发展的基本规律与特征，通过开展各式各样的学校体育活动、健康教育活动及卫生保健活动，培养学生的保健意识和锻炼意识，提高学生的身体活动能力和运动水平，改善学生的体质和身心健康水平，使学生养成良好的锻炼习惯、卫生习惯及饮食习惯，形成健康向上的生活方式，具备适应外界环境变化的能力和抵抗疾病的能力，以良好的身体素质和精神面貌投入到学习和生活中，并为社会化发展而奠定基础。

2. 培养学生的体育基本素养和运动锻炼习惯

学校体育教育要传授基本的体育与健康知识及技能，包括体育知识、运动技能、运动方法、卫生保健知识与方法等。学生通过系统学习，树立体育与健康意识，积极参与体育锻炼，掌握运动技能，不断提高身心健康水平和身体活动能力，为学习与生活奠定良好的健康基础。另外，学生还要掌握必要的卫生常识和自我保健方法，提高自我保健与防护的意识与能力，将自我保健知识与技能运用到体育锻炼中，提高锻炼的科学性与实效性，实现健康成长与全面发展的目标。

3. 培养学生的思想道德素养

学校体育不仅要关注学生的身体健康，还要注重学生的心理健康、道德健康。从教育发展的历史来看，各级教育阶段中位于首位的始终是德育，智育、体育、美育都要让位于德育，而且德育在体育、美育、智育中也有不同程度的渗透，这是教育发展的历史经验，也是新时代培养全面发展型人才的基本要求。学校开展体育工作，也必须注重与德育的融合，重视德育在体育中的渗透，具体要求从体育的特殊性质出发，对全体青少年学生进行道德教育，将德育贯穿于学校体育的整个过程中，大力培养学生的道德素质，提升学生的思想境界。

学生参与学校体育活动，如上体育课或参与课外体育活动，要主动树立正确的体育观念，自觉提升自己的体育意识，坚定为建设祖国而锻炼身体的伟大信念，在体育锻炼中不畏艰难，坚持不懈，努力拼搏，在集体性运动中要团结友爱，互帮互助，取长补短，有集体主义观，形成优良的道德品质和美好的体育风尚。此外，还要通过学校体育对学生的自控力、自信心及创新能力进行培养，对学生的审美素养包括发现美、表现美、欣赏美、创造美等进行培养，使学生的道德、体能、智力、情感等得到全面发展。

4. 挖掘并培养学生的体育才能，提高运动能力

学校体育要面向全体学生开展体育工作，举办形式各样的体育活动，鼓励学生参与学校体育活动，并观察学生的运动表现，发现有天赋的好苗子，然后针对这类学生进行专门的培养与训练，挖掘其运动才能，提高其运动水平，为国家竞技体育培养优秀的后备人才。学校挖掘与培养有运动天赋的学生，要处理好培养对象文化知识学习与课余训练之间的关系，并处理好增强体能与提高竞技能力的关系，将增强体质和增进健康放在首位，在健康的基础上进行体育人才培养

学校体育的首要任务是促进学生健康，明确该任务后，要采取有效措施来增强学生体质，促进学生健康发展，并在此基础上完成其他任务，最终顺利实现学校体育的目的。

三、学校体育的教育途径

学校开展体育教育工作，主要从开设体育课、开展体育课外活动、组织课外体育训练及举办课外体育竞赛等方面开展。有学者将这些教育途径总结为两类，一类是课内途径，既开展体育课教学；另一类是课外途径，即开展丰富多彩的课外体育活动，其中包括课余体育训练和比赛。下面简要分析这两类教育途径。

（一）体育课教学

学校体育最主要的教育路径就是开设体育课，进行体育课教学。开设体育课也是学校教育部门的规定。学校体育课面向全体学生进行专门的系统的体育教学，按照教学大纲实施具体的教学工作，包括确定课程时数、选择课程内容等。体育课教学对教学场地、器材及授课教师的专业素养都提出了一定的要求，必须按计划与规定来配备教学设施和配置授课教师。要实现学校体育目标，就要加强体育课教学，提高教学质量。

（二）课外体育活动

课外体育活动有面向全体学生的早操和课间操，也有专门面向有运动天赋的学生的课余体育训练，还有面向体育爱好者的课余体育竞赛等活动。课外体育活动形式多样，内容丰富，对培养学生的体育兴趣和运动习惯以及增进学生健康具有重要意义。开展课外体育活动，要不断建立与完善课外活动制度，尤其要加强安全管理，保障学生的安全与健康。

第二节 社区体育概述

一、社区体育的概念

对于我国来说，社区体育出现的时间并不长，它是在改革开放后出现的新的体育形态，直到 1989 年，其概念才被首次提出。之后，不同学者对社区体育进行了研究，给社区体育给出了自己的定义。[①] 关于社区体育的研究，比较有代表性的研究包括肖淑伦[②]、李建国[③]、王凯珍[④]、任海[⑤] 和吕树庭[⑥]。他们对社区体育的研究见图 1-1。

① 王凯珍，李相如．社区体育指导［M］．桂林：广西师范大学出版社，2005：35.

② 肖淑伦．关于社区体育的几个问题［J］．全国职工体育论文报告会获奖论文，1993.

③ 李建国．论我国社区体育的发展模式［J］．全国职工体育论文报告会获奖论文，1993.

④ 王凯珍．对北京市城市社区体育现状的研究［J］．体育科学，1994（6）.

⑤ 任海．我国城市社区体育的概念、构成要素及组织特征［J］．体育与科学，1998（2）.

⑥ 吕树庭等．社会学视角下的体育社区体育——社区体育概论［J］．体育文史，1993（3）.

肖淑伦

•社区体育就是以基层社区为单位，以社区成员为主体，实行政府部门支持、体育部门指导、社区部门参与，为社区成员提供社会保障的群众性体育活动

李建国

•社区体育是在居民生活区内由居民自主进行的群众体育活动，并且是通过体育活动建立相互良好关系和共同意识，促进地区社会活性的一种社会活动

王凯珍

•社区体育是指以基层(微型)社区为区域范围，以辖区自然环境和体育设施为物质基础，以全体社区成员为主体，以满足社区成员的体育需求，增进社区感情为主要目的，就地就近开展的区域性体育活动

任海

•对社区体育概念的理解，应当注意：既强调社区体育的区域性特征，又不将社区体育限定在某一具体区划层次；对社区体育进行定位时，应将社区体育实践与对社区体育实践的管理相区别；强调社区体育基础目标本质功能

吕树庭

•社区体育是社区成员以社会感情为契机，以自发性为原则，以一定的地域空间为依托，利用人工(设施)或自然环境，在行政的支援下，以推进《全民健身计划》实施为目的，有计划进行的组织化的体育活动

图 1–1　不同学者对社区体育的研究

通过分析我国不同学者对社区体育的研究可以看出，他们从不同角度出发对社区体育进行了定义，定义的表述不同，但都体现出了社区体育的核心属性，即社区居民以促进身心健康为目的自愿就近参与的运动。不同学者对社区体育的定义有所差异，但是体现了社区体育的内涵，具体如图 1–2 所示。

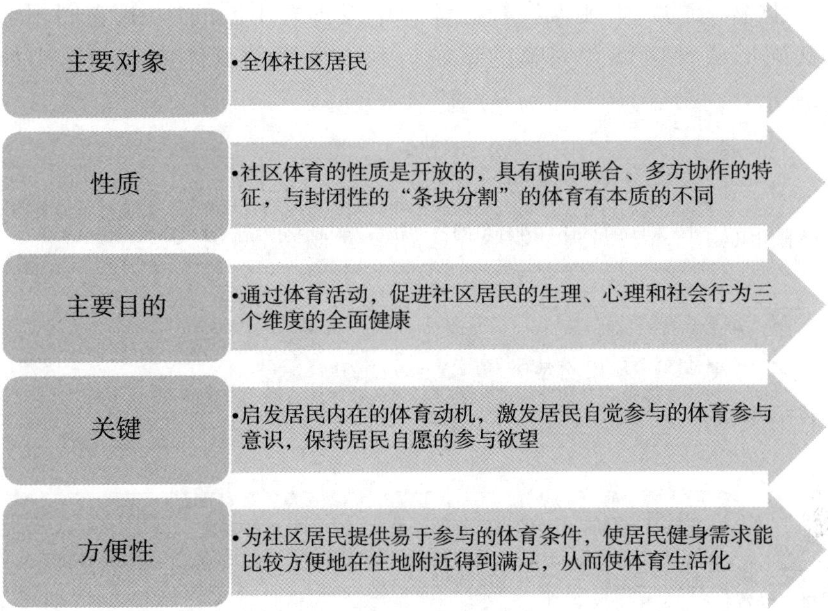

图 1-2　社区体育包含的内涵

二、社区体育的构成

社区体育是一个庞大的系统，它是由许多小的系统构成的。依据社区体育的定义，以及我国社区体育的实际情况，我国社区体育主要由六大要素构成，六大要素之间紧密联系，共同构成了社区体育这一完整的体系。构成社区体育的六大要素如图 1-3 所示。

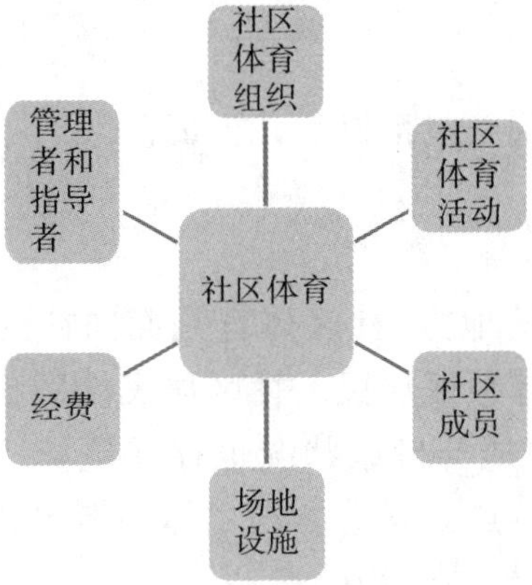

图 1-3　社区体育的构成要素

社区体育的六大要素在社区体育中发挥着不同的作用，它们相辅相成，共同形成社区体育完整的系统。六大要素的具体内容和作用如图1-4所示。

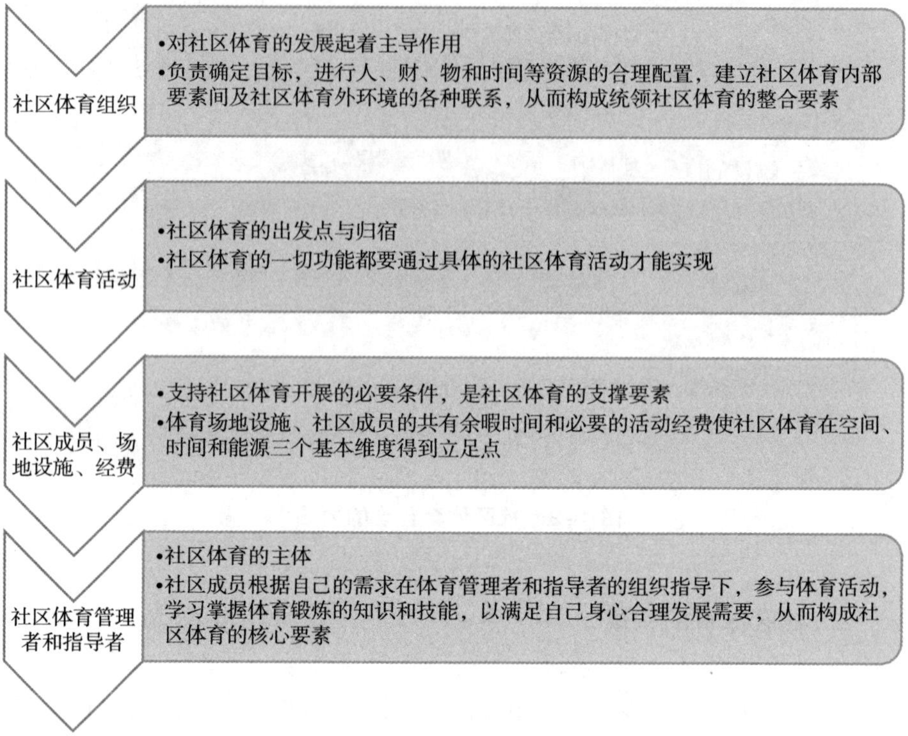

图1-4　社区体育六大构成要素的具体内容和作用

三、社区体育的特点

社区体育的主要特点包括以下几方面。

（一）参与主体多元

社区是居民居住的地方，社区体育是面向社区居民的，所以社区体育的参与主体就是全体社区居民。社区居民性别不同，年龄多样，职业、爱好不一，每个人的体质与健康状况也存在差异，这就决定了社区体育参与主体具有多元的特点。尽管参与主体的情况各有不同，但在社区中都能找到自己的位置，参与喜爱的运动。

（二）运动设施共享

社区体育具有一定的公益性，社区居民参与体育运动主要是通过利用社区资源实现的。对于社区居民来说，社区的广场、公园，包括专门购置的健身器材，都是他们开展体育运动的有利条件。而且只要是社区居民，都可以共同使用这些场地和设施，不需要具备额外的条件。

（三）社区提供服务

社区居民在社区进行体育运动，社区会提供服务，这是社区体育的重要特征。目前，社区为居民提供的体育服务主要有图 1–5 中的几种。

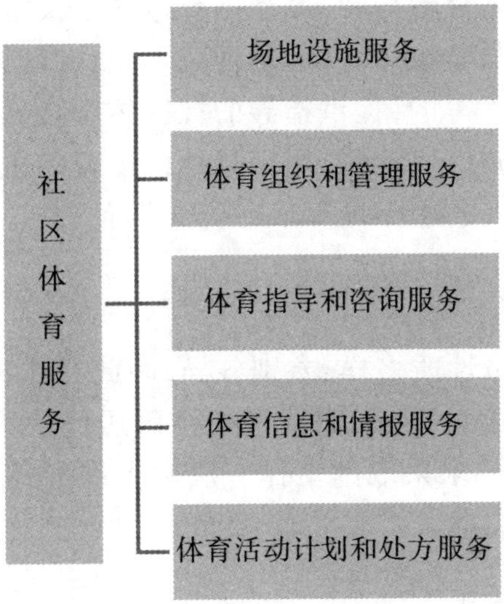

图 1–5　社区提供的体育服务

（四）活动范围的区域性

社区体育是指在社区中开展的体育，这就将社区体育的活动范围限制了起来。社区作为社区体育开展的场所，就是社区体育活动的范围。社区体育开展的各种内容，涉及参与主体、场地设施、经费筹集以及体育服务，都是在社区的范围内进行的，体现了社区体育的区域性特征。

（五）活动时间的空闲性

社区是人们生活居住的地方，在工作与学习时，人们都会有固定的场所，而社区显然是人们在工作学习之余最常在的地方。社区居民参与社区体育，很显然是在学习工作之余的时间进行的，而且是在处理完家务劳作之后，由此可见，社区体育的活动时间具有空闲性，人们在这些余暇时间进行运动，借以调剂生活、缓解压力，休闲放松。

（六）活动组织的民间性

社区体育的一大特点就是组织的民间性，作为独立的社会团体，社区体育组织有自己的组织机构和活动章程，民间性较强。

（七）活动指导的平等性

社区体育中的体育参与者，接受体育指导是很常见的事情，也是很有必要的环节。但与学校体育、运动训练不同，社区体育中的指导者与被指导者的关系是平等的，提供指导的社区体育指导员发挥的是服务、辅导的角色，而参与社区体育的居民是社区体育的主体和主导。由此，社区体育指导也形成了独特的人际关系和指导方法。

（八）活动开展灵活

社区居民的成员性质多样、差别各异，因此在体育需求方面有着较大的差异。社区体育的开展，需要考虑社区居民的不同需求，因人、因时、因地而异，这就要求采取的工作方法和组织形式必须灵活多样，这样才能让社区居民满意。

（九）追求健身娱乐

无论是社区体育，还是社会体育，健身性与娱乐性是两者的共同追求，这也是社区居民参与体育运动的价值取向，体现了人的身心合一。

四、社区体育的地位

（一）社区体育是体育生活化的重要措施

体育生活化是指体育运动逐渐进入家庭，进入大众的日常生活之中，从这方面来看，社区体育是社会生活化的重要措施。我国的城市都是由一个个社区构成的，社区是人们生活的重要场所，社区生活服务配套设施的建设都是为人们生活服务的，因此社区体育也应从社区居民实际生活需要出发，适合于社区居民家庭生活。而且与同属体育的商业体育和社会体育相比，社区体育因更贴近人们的生活，开展起来也方便，且属于日常性活动，在体育生活化方面作用巨大。

（二）社区体育是促进体育社会化的重要因素

社区体育是促进体育社会化的重要因素，主要有图 1–6 两个方面的原因。

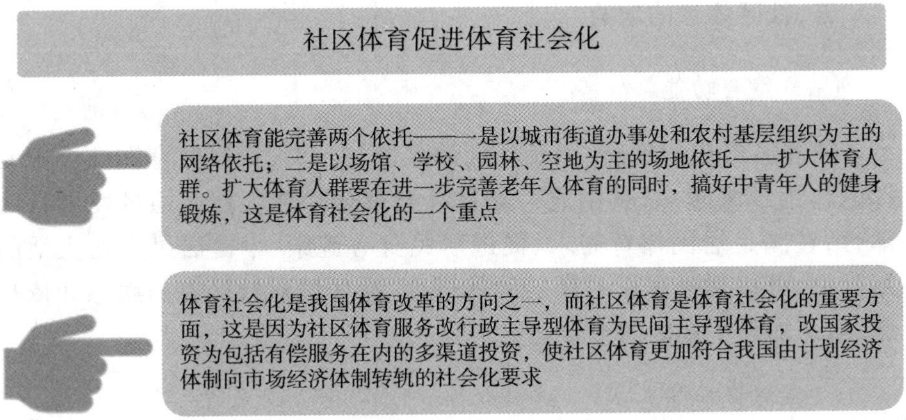

图 1–6　社区体育可以促进体育社会化

（三）社区体育是实施全民健身计划的重要举措

社区体育是全民健身活动开展的重要途径，全民健身计划的实现受社区体育的直接影响。社区体育是全民健身计划的载体，只有社区体育开展得好，为社区居民提供的体育服务能够满足居民需要，才能激发广大社区居民参与体育运动的主动性和积极性，才能使全民健身得到迅速发展，为全民健身计划的实现提供保障。

（四）社区体育是建设社区精神文明的重要手段

在社区中建设精神文明是我国精神文明建设的重点工作，建设社区精神文明，社区体育的开展是重要的内容和评价指标。通过社区体育的科学开展，促进社区居民的身心协调发展，促进社区体育文化的形成，丰富社区居民文化生活，倡导健康生活方式，在社区精神文明建设中起到的作用不可估量。因此，社区体育是建设社区精神文明的重要手段。

（五）社区体育是开展社区服务的重要形式

对于社区体育来说，提供体育服务是其基本特征，这也是其与群众体育的不同之处。正是由于社区提供的服务多样，社区体育的发展才有了强大的动力，也因此激发了社区居民参与体育活动的积极性，为社区居民开展体育运动提供了科学指导。

五、社区体育的功能

（一）整合功能

随着城市化的发展，以及社区的兴起与壮大，社区体育在社会中发挥的作用越来越多，其中之一就是社会整合功能。社区通过发展社区体育，在满足居民体育需求、促进居民身心健康、丰富居民文化生活的基础上，可以增强居民对社区的认可度，让居民对社区有归属感和依赖感，从而加强了社区的整合。

（二）凝聚功能

社区体育具有凝聚功能，主要是指社区体育可以培养社区居民社会心理要素。社区居民参与社区体育，在运动的过程中，满足了自身的体育需求，自主参与体育运动的积极性不断增强，其社区意识也得以培养，从而在收获社区体育发展成果的同时，积极投身于社区体育的发展方面。

（三）娱乐功能

随着生产力的发展，人们的物质生活水平不断提高，在物质生活需求得到满足的情况下，人们的精神生活需求越来越高。人们在工作学习中背负着巨大的压力，而在闲暇时间，人们需要通过一定的方式和手段，释放压力，放松身心。社区体育是一个有效的途径。社区居民利用社区的场地设施，开展适合自身的或者自我喜爱的体育运动，在运动中忘却了烦恼和忧愁，陶冶了情操，还能与共同活动的邻居沟通感情，获得心理上的慰藉。在社区体育的发展中，人们的业余生活丰富了，身心得到了愉悦，社区体育的娱乐功能也就彰显无遗。

（四）服务功能

社区可以为参与社区体育的社区居民提供服务，这是社区体育的特点，也体现了社区体育的功能。社区体育提供体育服务，最基本的就是提供基础性体育设施为社区居民开展体育运动提供便利，为社区居民参与体育运动提供科学指导。社区在为居民提供体育服务时，要立足社区实际，从居民实际需求出发，并做到与时俱进，经常总结改进，使社区提供服务的能力和水平不断提高。

（五）发展社区文化功能

社区文化有广义和狭义之分，如图 1–7 所示。

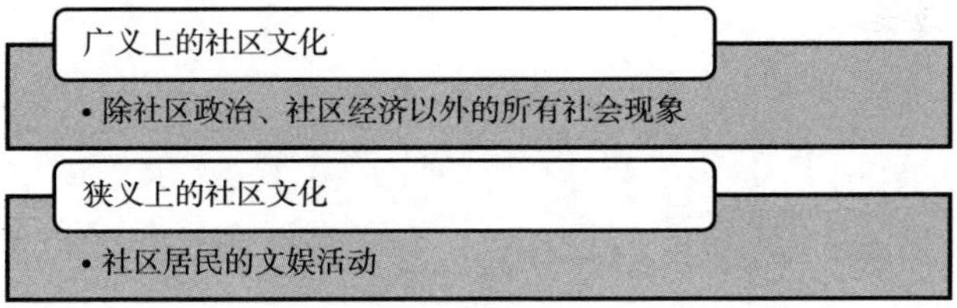

图 1–7　社区文化的广义与狭义之分

由图可知，不论是广义上的社区文化，还是狭义上的社区文化，都包含着社区体育文化。发展社区体育，形成社区体育文化，无疑可以促进社区文化的发展。

（六）改善生活方式功能

社区居民参与社区体育的热情高涨，一方面是因为社区体育可以促进居民身体健康，另一方面就是社区体育活动作为一种良好的生活方式对居民产生了较大的吸引力。社区居民在闲暇时间积极参与社区体育运动，减少了甚至完全占据了不健康生活方式的生存空间。通过社区体育，社区居民丰富了生活，形成了健康、文明、科学的生活方式，不仅提高了生活质量，也促进了社区的稳定。

（七）沟通人际关系功能

在社区中生活的居民数量庞大，而且成分复杂，不同居民在价值观念或者生活方式方面都存在着巨大的差异，随着电子智能产品的涌现，人们相互之间交流的机会减少,居民之间关系冷漠的现象非常常见。社区体育需要社区居民走出家门,到社区的公共场地或设施进行运动,这为社区居民相互交流提供了条件,在参与体育活动的过程中,社区居民放下心理屏障,与共同运动者真诚沟通,相互交流,从而形成了融洽的邻里关系和良好的人际关系,这不仅有利于社区的稳定发展,对每个社区居民的自身发展也都有很大的益处。

第二章　学校体育与社区体育的发展概况

随着时间的推移,我国学校体育与社区体育沿着各自的道路在不断地演变和发展,呈现出不同的发展情况,存在着不同的发展问题,并有着各自的发展走向。在学校体育与社区体育融合发展的需求下,对其发展概况有所了解是十分必要的,本章对此进行研究。

第一节　学校体育发展现状

我国学校体育可以按不同教育阶段分为幼儿体育、中小学体育教育以及高校体育三个方面,下面对这三个阶段体育教育发展情况进行分析。

一、幼儿体育教育状况

(一)幼儿体育教育的内容与作用

幼儿体育教育的内容和要求在我国《幼儿教育纲要》有着明确的规定,主要有三个方面的内容。

1. 基本动作练习

基本动作练习主要包括走、跑、跳、投、攀和爬等。幼儿练习这些基本动作,可以有效锻炼肌肉,提升肌肉机能,改善机体的活力和各器官系统的生理功能,使幼儿的有机体受益,因此可以说,这些基本动作的练习是非常有助于幼儿正常生长发育和身体健康的。

2. 基本体操练习

幼儿体育教育中的基本体操练习主要包含徒手操、轻器械操、模仿操等这些内容。

幼儿练习基本体操，可以逐步养成正确的姿势，其协调性、准确性、注意力、意志力等也能得到有效发展和提升，同时，在练习后，幼儿可以对自己的行为进行控制，以便与集体统一。

3. 队列队形练习

站队、变队、转身、散开和集合等是队列队形练习的主要内容。

练习队列队形，幼儿可逐步养成使自己的动作与集体协调一致的能力和习惯，空间知觉也能得到很好的发展。

（二）幼儿体育教育的基本发展状况

1. 在体育教学对幼儿发展的重要作用方面缺乏正确的认识

调查发现，当前很多学前教育学校在体育教学对幼儿成长所起到的重要作用和意义方面还没有形成良好的意识。很多学校将高升学率作为主要的追求目标，因此，将体育等教育内容忽视掉了，重文科轻体育的现象在很长的一段时间内都是普遍存在的问题，甚至有的学校在基本的体育教育时间上都无法得到有效保证，体育课已经成为其他文化学科的机动调整课，久而久之，幼儿对体育学习的认识还处于模糊状态，他们在体育锻炼意识方面较为欠缺，也无法学习和掌握基本的体育知识和技能。

2. 幼儿体育教育内容全面性、系统性和连续性欠缺

《幼儿教育纲要》中已经对幼儿体育教学内容进行了明确规定，但是，从目前的形势来看，我国幼儿体育教育内容的实施还并不理想，这主要体现在全面性、连续性和系统性等各个方面，盲目性仍然成为显著的问题。

从当前对幼儿体育教育的调查中发现，幼儿体育教育的主要内容是走、跑、爬、攀，这些方面的教材与幼儿的年龄特点是基本相符的，是幼

儿在游戏、活动和生活中最基本的活动形式，它对幼儿园的场地、活动设施的要求较低，其内容比较容易组织，而且也较安全。但是，在跳、投类方面所涉及的内容较为欠缺，导致这一问题产生的主要原因在于，各带班教师对跳、投之类教材的动作技术、组织教法等内容的掌握较难；幼儿体育教育中体育和卫生的基础知识是最薄弱的环节，这些都制约着幼儿体育教育发展的科学化。

3. 科学合理的教学场地及设备设施较为欠缺

由于幼儿学校的发展状况参差不齐，一些幼儿学校的发展状况并不理想，这就使得其在资金上捉襟见肘，因此，其绝大部分资金都用于学校的主体发展，而在体育教学方面的投入就会大大减少，尤其是在相关设备设施方面及场地建设方面，问题很多。但是，体育教学场地和设施是幼儿体育教育开展的重要前提条件和物质保障，如果在这方面欠缺，那么，体育教育活动的开展就无法顺利进行，教育教学效果也就无从谈起了。

另外，大部分幼儿学校在体育活动场地方面是具备一定的条件的，但是，并没有根据幼儿的实际需要进行相关器材、设备设施的购置和安排，例如幼儿跑道少，运动器材数量少，种类少，这就对学前体育教育的有效开展产生了制约作用，从而对我国幼儿体育教育的进一步发展产生了阻碍作用。

4. 体育教师师资力量有待提升

当前，幼儿教育已经成为现代教育的重要方面，并且随着我国教育事业的不断发展，幼儿教育越来越受到年轻人的青睐，但是，由于其本身对体育的认知程度不够，存在着幼儿体育并不重要的观点，这就导致体育教学的开展只能体现在表面上，从而形成了华而不实的形式主义。

在进行幼儿体育课程的安排时，很多幼儿学校往往会在体育教学的成本上“下功夫”，不去聘请专职的体育教师，而是由文化课老师兼职，这种做法不仅曲解了体育教育的本质，同时，也降低了体育教育教学的成效，对幼儿所产生的积极影响大打折扣。

另外，很多教师在幼儿知识的掌握方面并不理想，甚至忽略了幼儿的真正需求，没有从幼儿的成长发展出发，并以此为依据来将适合幼儿发展的科学合理的教学策略制定出来，从而导致所制定的幼儿体育课程质量无法得到保证，体育课时也无法保证。[①]

二、中小学体育教育状况

（一）体育教学模式缺乏多样性和灵活性

为了保证大面积教学质量，我国传统的体育教育模式有着相对固定和统一的标准和要求。也正因此，使得体育教学模式呈现出呆板的一面。体育教育按照固定统一的要求进行，缺乏灵活性和多样性，不利于学生生动活泼地发展，也不利于培养创新性和具有个性的人才。

（二）体育教学内容单一、陈旧，教学目标不完善

在现阶段的很长一段时间内，体育课程的开展方面，具有突出的术科教学特点，同时，存在着课程内容陈旧的显著特点，“难、繁、偏、旧”的显著情况一致存在着且较为突出，这些对于学生学习的积极性和主动性都会产生制约甚至阻碍作用。

关于我国中学体育实践教学的内容，长期处于讲究多而全、深而难的阶段，在学习阶段和年级特点的划分上模糊不清，甚至没有显著区分，这就导致学生从小学开始一直在学习各种重复且枯燥的内容，与他们兴趣相符的内容少之又少，在课堂教学内容的组织上，多以教学目标为焦点对教学内容进行搭配，却很少以学生的兴趣为出发点进行搭配。总的来说，这样的教学模式对于学生的“全面发展”理应起到积极的促进作用，但是，实际上，这种教学模式实施的效果并不理想，这与其很难将学生参与运动的积极性调动起来有着密切关系。

对于大部分中小学来说，体育教学内容单一、体育教学目标不完善，学校的实际条件和体育教师会的体育项目，就决定了体育教学的内容，这就导致体育教学内容的陈旧性和单一性；加上体育教师没有设置完善的体育教学目标，这大大降低了中小学学生对体育课的兴趣，体育课的教学质量也会因此而有所降低。

（三）体育教师的地位不被重视

在学校体育中，受传统教育观念的影响，学校一般对传统的理论学

---

① 何淑艳．我国学前体育教育现状及对策[J]．知识文库，2019（19）：95.

科教学比较重视，与之相比，体育教学的地位不高，因此，体育教师在学校中的受重视程度也不高。体育教师既要承担体育学科的教学，还要承担一些事务性的工作，但是在职称评审或者培训方面又没有应有的回报。体育教学在学校体育中处于边缘地位的情况非常常见。[①]

（四）体育教学方式、评价方式单一

在体育课教学中，受长期以来形成的教学习惯影响，传统的体育教学方式仍然被广泛采用，一些新的合作教学、探究教学和自主教学方式使用得相对较少。教师对学生的评价也主要从成绩出发，相对比较片面，评价方式和评价体系不够合理，一定程度上限制着中小学体育教育活动的开展。

（五）校园体育活动的内容单一、形式单调

对于中小学学校体育活动来说，其在内容和形式的安排上都存在着不足，单一性的特点显著。大部分中小学的活动内容和安排通常为上午课间操和眼保健操，下午大课间活动，常年不变，这就大大降低了学生对学校体育活动的兴趣和参与的积极性，尤其是下午的大课间活动，大课间活动时间非常长，但是活动内容只有跑步，而且真正用于跑步的时间非常短，大部分时间都浪费在组织上。[②] 另外，很多中小学在建设学校体育相关的场地、设施配套等的时候，就没有下功夫，往往会进行标准化的建设，没有做到因地制宜，这也就决定了其所开发的学校体育活动的内容、形式与有趣性、丰富性、多样化是不符的，从而导致学生参与体育活动的兴趣和热情也都非常低，得不到有效的调动。

三、高校体育教育状况

（一）学校体育教育理念的问题

我国学校体育教育理念从最初的身体素质理念、健康第一理念，到后来的愉快教育理念、终身体育理念再到现在的多种教育理念并存，经历了深入的改革与不断的发展。身体素质理念和健康第一理念都强调

① 徐鹤．吉安市农村小学体育教育现状及发展对策研究[J]．农家参谋，2020(19)：221+279.

② 李杰．珲春市Y高中体育教育现状及管理对策研究[D]．延吉：延边大学，2018.

增强学生体质、增进学生健康的教育目的，愉快教育理念强调寓教于乐，培养学生的体育兴趣，营造浓郁的体育教育氛围，终身体育理念强调培养学生自觉的体育运动习惯。总体来看，虽然学校体育教育理念经历了多次变革，而且在每次变革中都强调增强学生体质和提高运动技能的重要性，但是忽视了对学生综合素质的培养和促进学生全面发展的目标，因而也制约了学生的全面健康与综合发展，并对学校体育教育质量造成了影响。

（二）体育教学设施缺乏

高校实行扩招政策后，大学生数量逐渐递增，但是学校体育场地、器材等硬件设施并没有随着学生的大幅增加而明显增多，硬件设施的数量、质量与学生数量、需求不匹配，满足不了体育教育的正常需要，体育爱好者参与课外体育活动的需求也不能得到很好的满足，因此制约了学校体育教育活动的开展，影响了体育教育质量。

（三）高校体育教育目标不够明确

传统的高等教育中，体育一直处于边缘化学科的范畴中，是可有可无的状态，这就决定了学校在高校体育方面所注入的资金和精力都是非常有限的，从而使得高校体育教育的开展状况不甚理想。

高校的体育教育所强调的重点始终是内涵的发展，但是，在外延的发展方面却基本忽视掉了；对质量的提高持高度关注的态度，但是在结构的优化放点也忽略掉了。

多年来，增强体质是高校体育关注的重点，后来逐渐转为重视育人。但，对“育人”的强调仍然普遍表现为对体质增强的重视。而且，高校体育欠缺具体的“育人”目标。

（四）高校体育教育在生活底蕴上较为欠缺

目前来看，学科化的体育教育是我国高校体育教育的重点，这就导致缺乏生活底蕴，从而造成学生无法热爱或主动参与体育[①]。具体来说，主要体现在图 2–1 所示的三个方面。

① 黄晓华．我国高校体育教育发展问题及未来发展结构对策分析 [J]. 教育理论与实践，2020，40（36）：62-64.

将体育教育概念化

- 对于学生来说，他们对高校体育教育的认识并不仅限于理论学习，要想充分感受各项体育运动的魅力，切实的实践操作是必不可少的重要条件。同时，我国高校体育教育中存在着“教师示范—学生模仿—教师更正”一套公式化的教学模式，并未将学生的体育运动融入其生活中，忽视了学生的生活体验感

将学生体育课程理解为运动训练

- 我国的高校体育教育理念已经将体育教育和体育技术训练融为一体。在现实的体育教学中，众多的体育教师对体育技术的训练的重视程度不断提升，但是，在体育的人文精神教学方面却往往被弱化甚至忽视，与学生的生活实际相脱离，不能够将体育技能应用至生活中，也无法将学生的学习兴趣充分调动起来

忽视学生体育能力的培养

- 传统教育思想在很长的时期内影响和制约着我国高校体育的发展，忽视了对学生体育能力的培养，培养学生体育能力的指导和要求欠缺，同时，在实际工作中又缺乏培养的方法和手段，这些都制约了我国高校体育教学的开展，也影响着学生对体育教学的兴趣

图 2-1　高校体育教育缺乏生活底蕴的体现

（五）体育课程建设与设置的科学性欠缺

目前我国高校体育课程所采用的仍然是以竞技项目为主要内容的传统体系，在课程设置方面，与当前所推行的终身体育观念及全面推行学分制的要求已经不相符了。同时，体育理论课及电化教学在多数高校至今仍然是一个空白，对于雨雪天的体育教学方面问题是无法得到妥善解决的，再加上没有充分研究不同专业的学生所开设的体育课程是否要具有差别，也没有实践过是否采取按专业课的办法成立各种教研组实行分类教学。

（六）高校体育教育过分统一，教育特征不明显

我国高校体育教育较为统一，课程相对简单，便于教师操作和教学的开展，但却减少了体育教育的独特魅力，不利于学生体育学习兴趣的激发。高校体育教育过分统一的优缺点如图 2-2 所示。

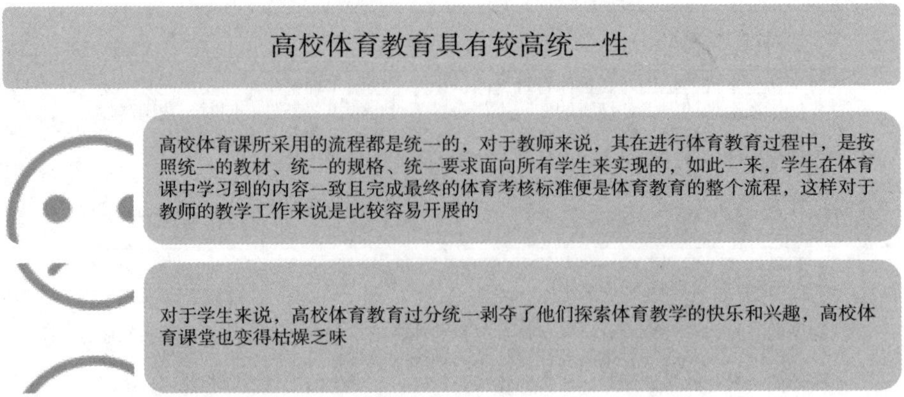

图 2-2　高校体育教育过分统一的优缺点

对于高校体育课程来说，强健学生体魄、增强学生运动兴趣、培养学生运动特长、养成良好运动习惯是其主要目的。但是，当前我国体育教育存在严重的目标化现象，这容易导致学生群体出现两极分化的现象（图 2-3）。

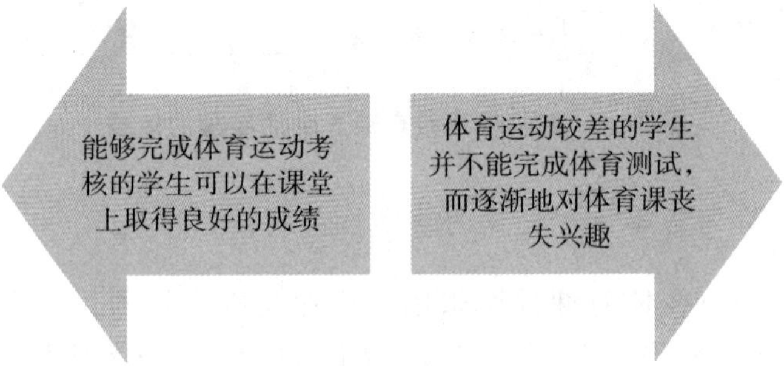

图 2-3 学生群体的两极分化

（七）学校体育教育内容单一、方法陈旧

1. 教育内容的问题

田径、篮球、乒乓球等运动项目是学校体育教育中开展较多的项目，是体育教育内容的重要组成部分。青少年学生对这些常见的运动项目比较熟悉，所以没有太多的新鲜感，难以激发学习兴趣与热情。学校在引进新兴体育项目上不够积极，虽然有进一步丰富体育教育内容的意识与想法，但因为教学条件尤其是师资力量有限，因此也无法很快开展新的项目。单一的教育内容制约了学校体育教育的持续发展。

2. 教育方法的问题

从体育教育教学的方法来看，学校体育教育方法以传统教学法中的语言法和示范法为主，教学模式也以课堂灌输为主，学生处于消极的被动地位，主动性得不到发挥，积极性较差，而且师生之间缺少互动，课堂氛围不活跃，导致课堂教学效率低下，再加上学生课后不自觉巩固课堂所学技术，因此体质问题长期难以得到改善，运动能力也没有明显的提升。在教学方法创新方面，虽然游戏法、比赛法运用较多，但是存在形式主义倾向，游戏或比赛的设计缺乏实用性，学生参与这些体育游戏或比赛，虽然获得了愉快的体验，但是增强体质或提升运动能力的效果并不理想。

（八）体育教师整体素质不够高

社会的进步与教育的发展对体育师资的专业素质及综合素质提出了较高的要求，但目前来看我国体育教师队伍的整体素质有待提高，学历层次有待提高，知识结构有待完善以及业务能力有待提升。体育教师是在传统教育背景下成长起来的，虽然掌握了丰富的体育教育知识，也具备良好的技能素养，可以称得上是专业人才，但是并非一专多能型人才，综合素养较低，知识面不广，开展教育教学工作也以经验为主，缺乏创新。随着体育教育的深入改革与不断发展，体育与其他学科的联系越来越紧密，多学科交叉渗透的趋势越来越明显，这就要求体育教师除掌握体育学科专业知识外，还应掌握其他学科的基本知识，并能在体育教学中灵活运用多学科知识。显然，当前很多体育教师知识面受限，缺乏多学科融合教学的能力，正因如此，学校体育教育质量受到了严重的影响。

（九）体育教育评价不够完善

当前，我国学校体育教育评价主要存在下列两方面的问题。

1. 体育教育评价指标单一

这里主要从下列三个方面分析体育教育评价指标体系的问题。

（1）教师评价

现行体育教育评价体系关于体育教师的评价过分强调对其科研成果的评价，如发表了多少论文，参与了什么科研工作等，而对体育教育质量本身没有特别重视，如体育教师的教学是否达到了增强学生体质和促进学生全面发展的目标，这样教育评价本身的导向功能就难以发挥，体育教师的教学工作也难以得到改进。

（2）学生评价

传统体育教育评价过分关注学生对技术动作的掌握情况和运动技能的提高情况，过多强调运动技能目标的达成情况，而忽视了学生的体质改善情况和体育学习与参与过程，也就是忽视了过程性评价。而且学校体育教育评价以期末考试的形式为主，考核形式单一，学生在期末考试中的运动表现并不能完全反映出体育教育工作的好坏，学生评价缺乏客观性和全面性。

（3）课程建设评价

现阶段关于体育课程建设的评价，主要依据一些量化指标来评价建设水平，如体育场地设施的数量、师生比例、课时数等，而关于各类课程资源的配置与优化问题却很少在意。

2. 没有充分利用评价结果来改善教育过程

体育教育评价具有反馈功能、导向功能和激励功能，充分发挥体育教育评价的这些功能，有助于及时发现体育教育取得的成绩与存在的问题，从而肯定体育教师与学生的努力与共同取得的成绩，并通过解决问题来提高教育质量。但当前学校体育教育虽然也开展评价工作，但是对评价结果的反馈性不够重视，为了评价而评价，形式主义严重，没有根据评价结果而积极采取措施改善体育教育工作，也未及时完善相应的配套机制，这样就导致体育教育评价失去了本身的意义。

第二节 社区体育发展现状

一、社区体育的管理体制

社区体育是我国改革开放以后才出现的，其发展历史并不长。但在党和国家的重视下，我国社区体育发展迅速，管理体制也不断完善。当前，我国社区体育组织形式可以分为五种，如图 2-4 所示。

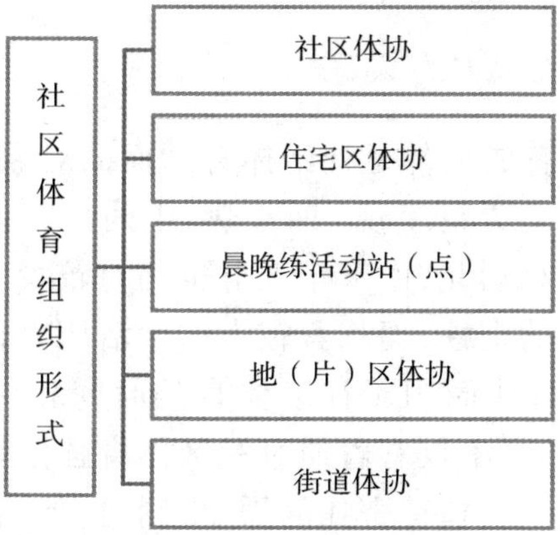

图 2-4 社区体育组织形式

目前，我国社区体育组织管理是以社区体协为主，在组织形式上，它属于上位管理型组织，依托于社区办事处，以社区单位和居委会为参加单位；与之相对的下位活动性组织则包括居委会体育小组、社区单位体协、体育服务中心、体育俱乐部、体育辅导站、晨晚练活动站(点)、专门体协等组织。

二、社区体育活动的开展

(一)社区体育的活动形式

社区体育主要有两种活动形式，分别为日常性活动和经常性体育竞赛，具体如图 2-5 所示。

日常性活动

- 日常性活动主要在晨晚练活动站（点）进行，活动规模受场地条件限制，以小规模活动为主。各个晨晚练活动点一般无规章制度，来参加锻炼的人完全以自愿为原则，锻炼计划、锻炼时间、锻炼方式等方面，由参与者共同协商决定

经常性体育竞赛

- 主要安排在节假日，又可按季节安排举行。具体活动内容根据各社区开展的体育活动的不同而有所差异

图 2-5　社区体育的活动形式

（三）社区体育活动参与人群

整个社区的所有成员都是社区体育的面向对象，但现实情况是，我国社区体育活动参与人群呈现“两头热、中间冷”，也就是说，社区体育参与者主要是老人和幼儿，中青年人群也相对较少。究其原因，主要是中青年人作为家庭的支柱，面临着较大的生活压力，需要将较多精力用于学习和工作之中，从而用于社区体育的时间相对较少，而老年人基本上都处于退休状态，不仅有着通过社区体育强健体魄的需要，还有着参与运动进行社交寻求精神寄托的需要，同时，他们多承担着照看幼儿的家庭任务，因此，在社区中经常看到老年人带着幼儿一起参加社区体育活动的身影，也就导致目前我国社区体育参与主体呈现老年人多的情况。

（三）社区体育的活动内容

社区体育的活动内容主要取决于社区体育参与主体。对于社区体育来说，中老年人是参与的主体，因此，社区体育的活动内容也主要是一些适宜于中老年人开展的体育项目。也正因为参与主体大多是中老年人，社区体育活动内容带有明显的非竞技性特点，主要体现出韵律性、表演性、传统性和文体一体化等特点。社区体育的活动内容大致可分为走、跑、操、拳、功五大类。具体来说，又可按室内、室外进行划分，如图 2-6 所示。

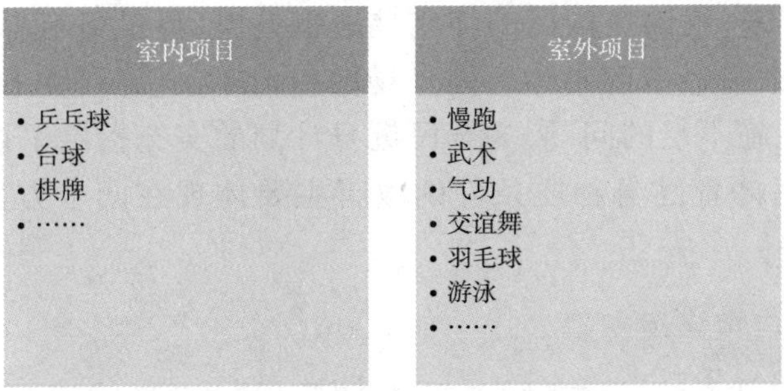

图 2-6　社区体育的活动内容

（四）社区体育活动的管理和指导

社区体育活动的开展离不开管理者和指导者，目前我国社区体育活动的管理和指导的现实情况如图 2-7 所示。

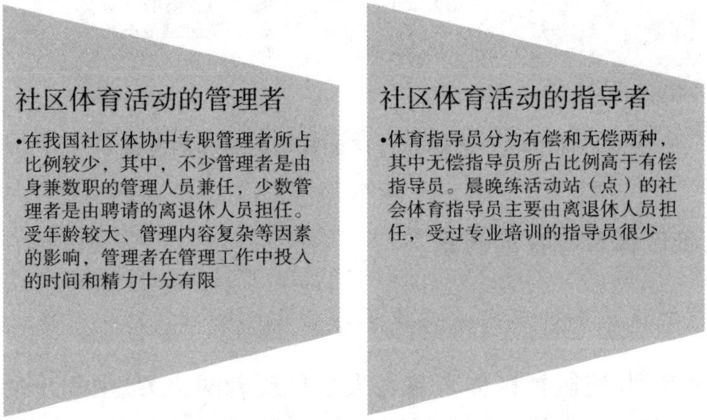

图 2-7　社区体育活动的管理和指导

三、社区体育的物质条件

开展社区体育，需要一定的物质条件作保障，对于社区居民来说，他们参加社区体育运动，主要需要社区提供一定的场地设施。随着人们生活条件的改善以及体育健身意识的增强，人们在各种各样的可用场所开展体育运动，对于社区来说，这些场所可以包括社区单位体育场（馆）、社区公共体育场地，还包括公园和自然空地。

近些年来，我国对国民的体质越来越重视，不仅实施了全民健身计划，还投入大量经费改善体育健身场地和设施，一定程度上解决了社区健身场地设施不足的问题，为全民健身计划的实施提供了切实的保障。我国对社区体育健身物质条件的改善主要体现在两个方面，如图 2-8 所示。

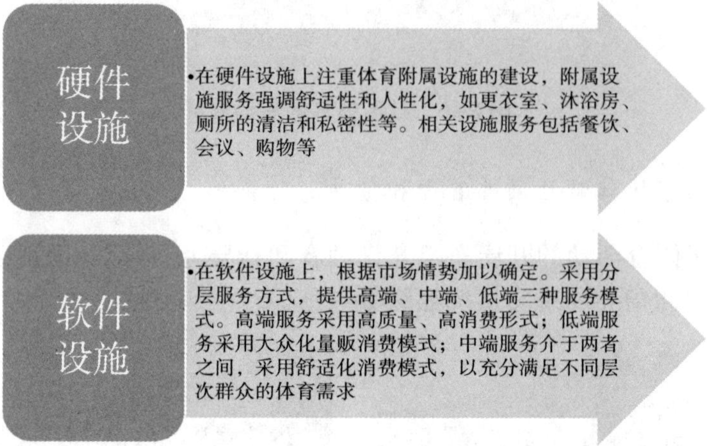

图 2-8　我国对社区体育物质条件的改善

四、社区体育存在的问题

（一）社区体育的参与人群比例不合理

前面提到，我国社区体育参与人群呈现着两头大、中间小的现象，这体现了我国社区体育参与人群比例的不合理。对于中青年和老年人来说，其身体情况和健身需求有所不同，社区体育应根据现实情况，采取针对措施进行引导，使社区体育参与人群比例逐渐合理（图 2-9）。

（二）社区体育的场地器材建设不完善

经过不断的发展，我国社区体育场地设施不断增加，条件不断改善，但是仍然存在着一些体育场馆不对外开放的情况，而且，我国人口基数大，与数量庞大的社区居民相比，社区体育场地设施的数量还相对较少，我国社区体育健身场所的匮乏现象仍然存在，仍需不断加大投入，改善管理，满足社区居民的健身需求。

中青年

- 青年人和中年人是社会建设的主力，但是一方面由于现代社会休闲方式多样化，青年人沉迷各种休闲活动，同时对体育和健康认识不足，因此很少参与体育活动；另一方面，中年人特别需要通过体育活动消除疲劳、调节心情、平衡生活。但是事业、家务忙是其参加体育活动的主要障碍，根据其余暇特点和体育需求，有针对性地设置活动时间和活动内容，吸引其参加社区体育活动是当前社区体育面临的重要问题

老年人

- 老年人处于离退休状态，由于收入下降，机体衰老，社交缺乏等原因，对体育活动有较高的需求。目前，以社区体育为主要形式的老年体育得到了快速发展，而如何进一步丰富老年人体育内容是今后社区体育的重要发展问题之一

图 2-9　社区体育参与主体比例不合理

（三）社区体育活动的经费投入不足

社区体育开展工作，需要足够的经费支持，这也是困扰社区体育工作者的一大难题。由于经费有限，社区体育无法改善场地设施，也无法吸引专门人才给予社区居民科学指导，这导致社区居民难以获得良好的体育体现，在一定程度上影响了社区体育的发展。加大经费投入，解决社区体育活动经费投入不足的问题，是社区体育发展亟待解决的难题。

（四）社区体育组织的管理有待加强

与社区体育发展的形势相比，我国社区体育组织的管理存在不足，无法满足社区体育发展的需要，这也导致社区体育发展的成效不大，难以有效激发社区居民参与社区体育的主动性和积极性。促进社区体育发展，提高社区体育组织的管理水平至关重要。

（五）社区体育服务不到位

社区居民参与体育运动需要社区提供的各项体育服务，但人们对服务的认识和理解不同，社区对体育服务功能的定位不清，这些都导致社区提供的各项体育服务无法满足社区居民的真实需要，出现服务不到位的问题。社区体育服务不到位，势必会对社区居民开展社区体育活动产生不利影响，也将限制社区体育的进一步发展。

(六)社区体育研究与人才培养乏力

我国社区体育发展时间不长,相关的研究也相对缺乏,这使我国社区体育的发展难以得到科学理论的引领。没有相关理论的指导,我国社区体育发展的诸多问题的解决都面临困境,体育场地设施利用率的提高、社区体育管理水平的提升、社区居民健身运动的科学性都无法顺利实现,也就使我国社区体育的发展难以获得有效突破。同时,社区体育在人才培养方面也缺乏力量,没有专业人才的支撑,不论是社区体育理论的研究,还是社区体育活动的具体开展,都将面临困难。因此,加强社区体育的相关研究,加大对相关人才的培养,是社区体育发展必须解决的重要问题。

(七)社区体育氛围不浓厚,缺少社区体育中介机构

由于缺乏科学的健身指导和规范的组织,我国社区体育存在着氛围不浓厚的问题。没有浓厚的体育氛围,社区居民参与体育活动的积极性和主动性必将受到挫败,长此以往,就会形成体育氛围不浓厚,社区居民不参与社区体育,社区居民不参与社区体育,体育氛围不浓厚的恶性循环,将会严重影响社区体育的科学发展。社区体育氛围不浓厚与社区居民参与体育活动的动力不足有关,这又与社区体育活动无人组织和指导有关,因此要从根本上改善社区体育发展状况,调动社区居民参与体育活动的积极性,塑造良好的体育氛围,需要社区体育中介机构发挥作用,为社区体育工作发展奠定基础。

第三节 学校体育与社区体育的发展走向

一、我国学校体育教育的发展走向

(一)我国学校体育教育的未来发展趋势

1. 以素质体育教育为指导

(1)素质体育教育的概念与内涵

素质体育教育是素质教育思想的一个分支,其包含的内涵涉及全

体学生参加体育锻炼的意识、全体学生的体质、终身运用锻炼身体的手段、健康体育教育等。学校体育教育以素质体育教育为指导，就要面向全体学生，促进学生的全面发展。

（2）身心健康素质及其在学校体育教育中的应用

身心健康素质，就是身体健康素质和心理健康素质的统称。身心健康素质是处于重要的基础性地位的，其他素质的发展都要在这一物质基础上才能实现。身心健康素质具有非常重要的意义，这主要体现在发展智力、保持稳定和支持个体正常工作学习等各个方面。

身心健康素质所包含的内容主要有以下几个方面。

①体态健康素质。

②体质健康素质。

③体能健康素质肌体器官的生理功能。

④人体对各种刺激的反射、适应和耐受能力等。

2. 以健康体育教育为基础

早在19世纪之初，健康教育和学校健康教育的概念就被提出来了。全球健康是健康教育的最终目标，而要实现这一目标，就要借助于学校健康教育这一重要的途径。①

当前来看，我国学生的体质健康状况令人担忧，要改变这种状况，学校体育教学必须牢固树立健康第一的教学理念，向学生进行体育卫生保健教育，注重体育与健康教育的结合，使学生懂得健康的意义，学会保健的方法，形成对体育的兴趣爱好，增强学生体质、促进身心健康发展，培养德、智、体、美全面发展的社会主义建设者。

3. 以创造体育教育和愉快体育教育为过程

（1）创造体育教育

① 创造体育教育的产生

现代创造教育的产生与现代体育的发展是有着密切联系的。尽管创造教育很早就已经产生并发展的，但是，其所产生的影响力非常小，一直以来都没有引起人们的足够重视，近代的教育更倾向于传授教育，但其有较大的弊端，即浓厚的保守性。但是，不管是人类的进步还是社

---

① 龚坚，张新．体育教育学[M]．重庆：西南大学出版社，2009.

会的发展，都对创造力有所依赖，因此，创造教育的产生便成为一种社会发展的必然。

② 创造体育教育在学校体育教育中的开展

创造教育在不同的时期，其所展现出的魅力和发挥的作用是不同的。在素质教育实施的当前，创造教育的生命力也得到了进一步的转变和拓展，创造体育教育便是产物之一。创造体育教育能够使人的思维方法和思维素质都发生相应的改变。在体育课堂教学中，要求体育老师必须具有创造精神，因为只有这样，学生创造意识的培养才有可能实现。创造性人才的培养与体育教师的创造精神和创造能力是有着密切联系的。

（2）愉快体育教育

① 愉快体育教育的提出与传入我国

20 世纪 70 年代末，愉快体育这一体育思想在日本被提出。把运动作为体育追求的目的，使运动文化成为自己生活内容中不可缺少的一部分，直至终身，成为当时愉快体育的宗旨。

愉快体育传入我国的时间并不长，只有二十几年的时间，但是，其对广大体育教师和我国体育教学所产生的影响却是不可忽视的，对解决体育“厌学”问题起到了积极的作用。

② 愉快体育教育在学校体育教育中的开展

愉快教育是素质教育的重要内容之一，要做到愉快教育，可以从图 2-10 中的几个方面入手。

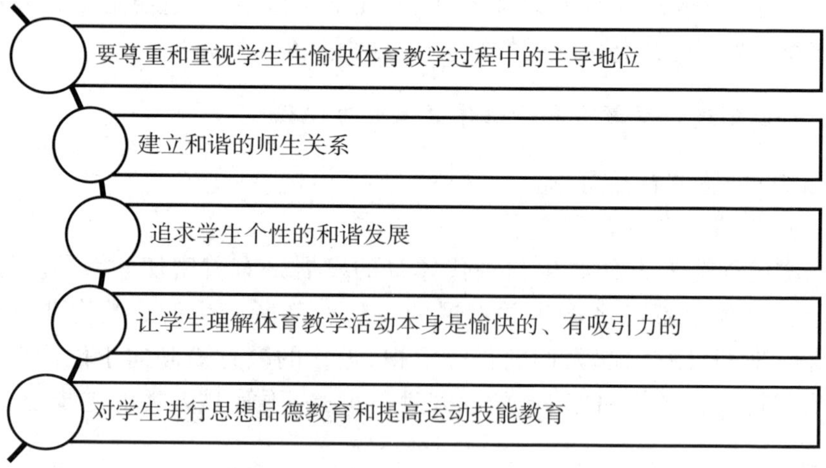

图 2-10　愉快教育的要求

4. 以终身体育教育为目的

终身体育的思想最早可以追溯到20世纪60年代的法国。后来，这一思想不断得到发展，成为现在广受赞同的一种教育思想。对终身体育教育进行分析，可以将其理解为：体育运动不应该成为人生某一阶段的内容，而应该是伴随人们终身的。对于我们很多人来说，都是有着一定的体育方面的知识储备的，但是在生活中去实践的却很少。只有熟练掌握体育知识，并能够灵活运用到实践中去的，才能达到终身体育教育的最高层次（图2-11）。

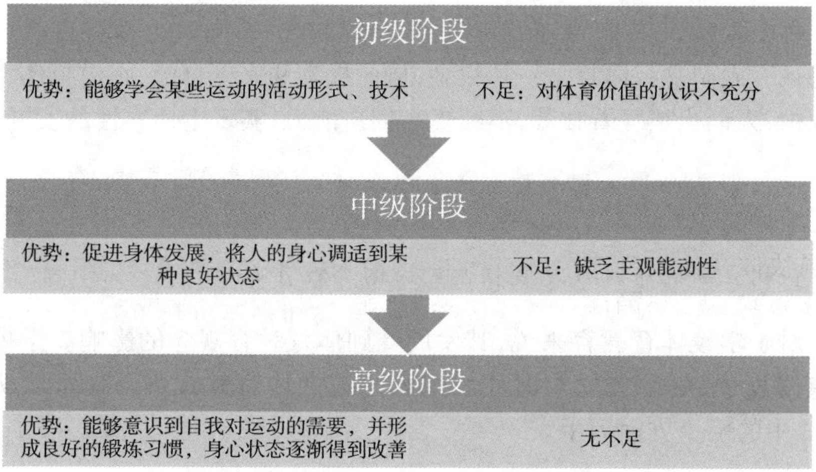

图2-11　终身体育教育的三个阶段

（二）未来我国学校体育教育发展结构

具体来说，未来我国学校体育教育发展结构主要有以下几个方面。

1. 自然生活中的体育教育

人的生存与一定的自然环境是有着密切联系的，人类的自然本性对生命轨迹的体育教育路径也有着重要的决定性影响。

对于人类来说，体育是人类的一种生活技能，也是人类的一种表达方式，通过体育教育，人们能够传承这种生活技能和表达方式，从而为人们的自然生活提供保障。

2. 社会中的体育教育

人类生活在社会中，受到社会环境的影响。人类在社会中生存、发展，必须适应社会中的文化。通过体育教育，人们能够了解和掌握社会中的文化，掌握社会长期形成的规范，从而能够适应社会，能够在社会中与同类交往，让自我在社会中得到完善提高。①随着社会的发展，体育也在不断发展，体育早已成为带有社会文化的一种活动，这也使通过体育教育促进人的社会化成为可能。

3. 完整个体中的体育教育

每个人都是完整的，都是自我身心智的统一，同时也都有自己独有的特征。人们进行体育是一种权利，借此提高和完善自己，在进行体育的过程中，人们也接受着教育，不断提高创造能力，实现生命本性的发展。

（三）我国学校体育教育未来发展举措

1. 树立新的与时代发展相适应的体育教育观

对于学校体育教育来说，其发展受到体育教育观念的影响。学校体育实现发展，必须树立与时代发展相适应的体育教育观。这可以从图2-12中的两个方面入手。

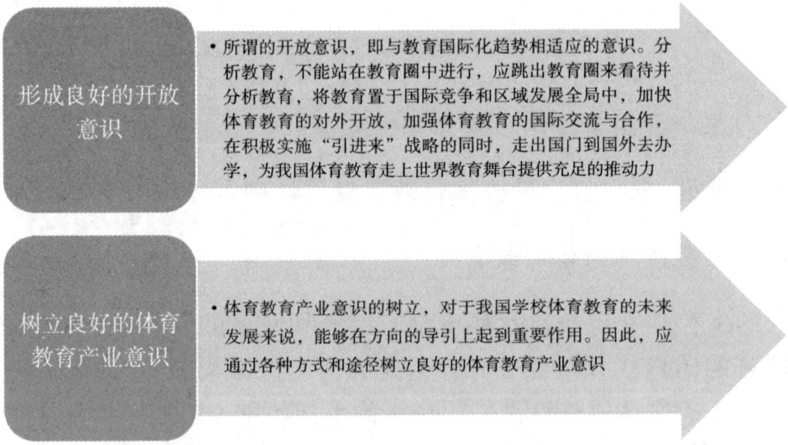

图 2-12　树立新的与时代发展相适应的体育教育观

① 黄晓华．我国高校体育教育发展问题及未来发展结构对策分析[J]. 教育理论与实践，2020，40（36）：62-64.

对于良好体育教育产业意识的树立来说，可以通过各种方式和途径来实现，具体如图 2-13 所示。

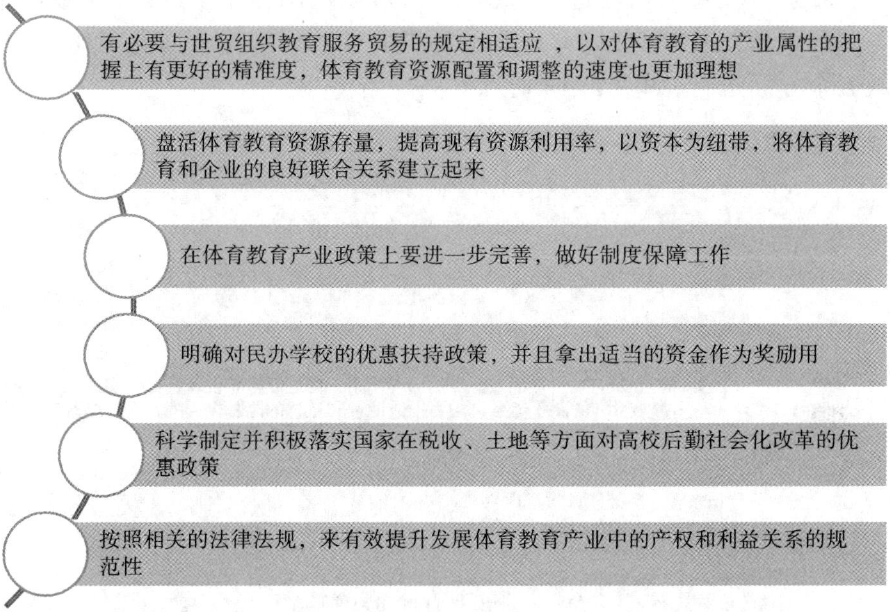

图 2-13　树立良好体育教育产业意识的途径

2. 积极转变教育观念，将现代化教育手段充分利用起来

（1）要对现代体育教育有正确的认识，要知道，这不单单是学生和教师的责任，其中还应该融入一些社会管理因素，从而将学生体育教育职责共同担负起来。

（2）学校应该对自身的教育观进行有效强化，在体育教学课程中通过多种灵活的教育教学形式与手段的运用，来使学生可以切实体会到体育学习的乐趣得到保证。

（3）体育教师要从自身出发，将体育教育指导思想建立起来，保证自身教育活动可以面向全体学生，并且以学生的全面发展为立足点，帮助学生积极树立健康教育观点。

（4）在日常的体育教育教学中，不仅要做好学生体育教育的指导工作，同时也要重视学生的体能、心理等，做好体育教育管理工作。

3. 重新审视素质教育内涵，科学设置体育课程

对素质教育的内涵进行重新审视，可以从国际角度出发，并做好体育课程设置工作，保证体育课程的科学有效。做好这方面的工作，可以从五个方面进行，如图 2–14 所示。

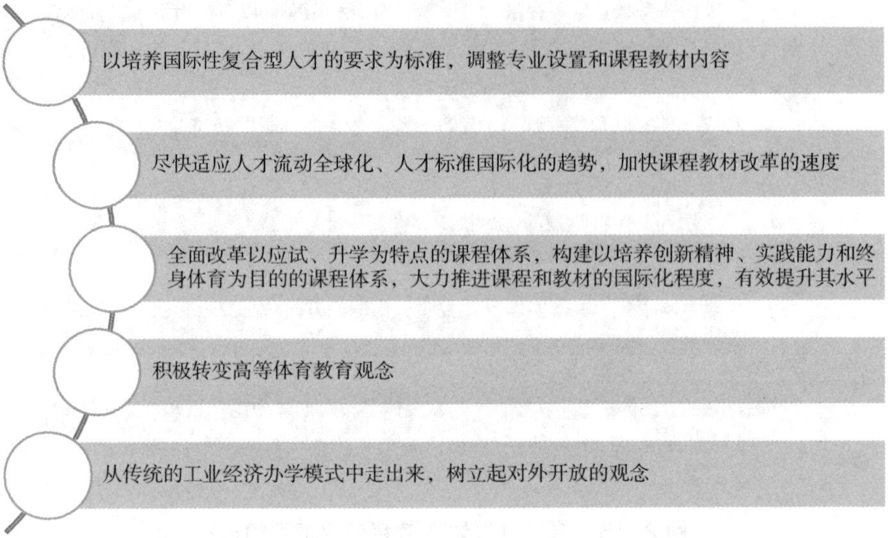

图 2–14　审视素质教育内涵，科学设置体育课程

4. 将体育教育融入学生生活

学生有着自己的生活环境，其参与学校体育教学也是以此为基础和前提的，学生参与体育运动可以起到多元的作用，不仅可以提高其学习质量，也能促进其体质提升，还能促进其实践能力的提高。在对学生进行体育教育时，不能将其与所处的生活环境相割裂，而应该与日常生活相适应、相符合，让学生能在生活中接受体育教育，突破体育课的限制。

5. 与国际接轨，对办学体制进行深化改革

（1）通过产业化运作为教育发展带来新的生命力

未来我国教育的发展需要新的活力，这可以通过产业化运作来实现。如何通过产业化运作为教育发展带来生命力见图 2–15。

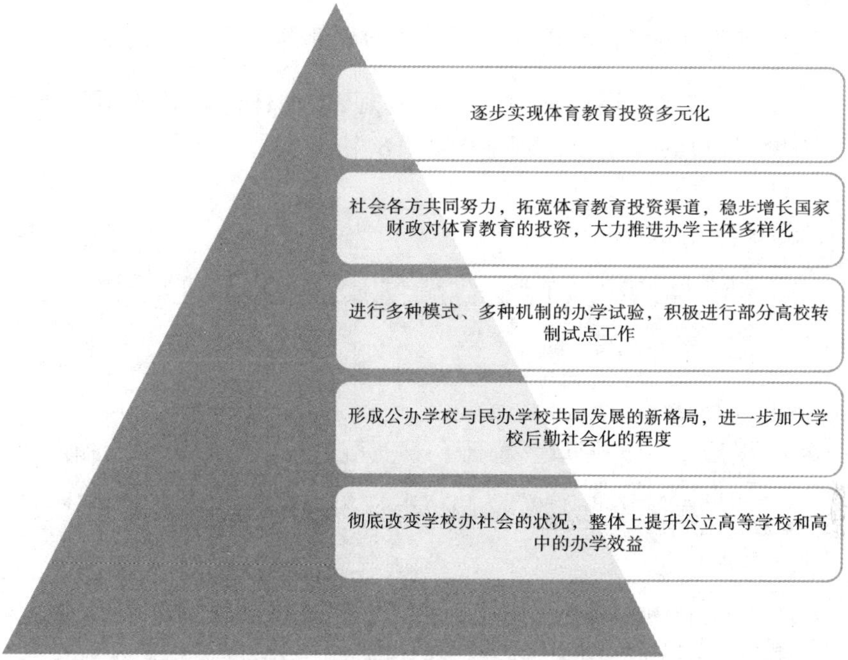

图 2-15　产业化运动助推教育发展

（2）运用现代科学技术改革体育教育

传统的体育教育向现代转变，依赖于现代信息技术的应用。要不断推进学校，尤其是一些落后地区学校的教育信息化建设，充分利用现有的教育资源，在各级各类学校普及计算机网络教育，提升教育教学质量和效率，实现学校体育教育的改革。

6. 将学生的全面发展作为体育教育的终极目标

我国学校教育内容丰富，体育教育只是其中之一，但是其在教育中的作用却是至关重要的，只有做好体育教育工作，才能为学生受教育提供生理基础，在教育学生的过程中，只有涉及体育教育，也才能保证学生是全面发展的。体育教育的价值也是由此得以彰显。学生的全面发展离不开体育教育，学生的全面发展也是体育教育的终极目标。为此，体育教育应该从课程等各方面充分肯定人才全面发展的重要性，让学生在强化身体的同时，也能够具备融入生活和社会的能力，培养起正确的审美和价值观念。

7. 改进宏观管理，加强对体育教育的预测研究和保障力度

在体育教育中，还应该改进宏观管理，以便体育教育的预测研究和保障力度得以加强，主要体现在图 2-16 中。

加强体育教育的预测研究

- 通过多样化手段的应用，整合和研究国内外与体育教育事业发展密切相关的经济、社会发展信息，同时做好动态人才需求预测和体育教育发展态势预测等方面工作

强化支持和保障体育教育的政策力度

- 体育教育的开展与发展都需要一定的资金支持，因此，必须依法保证对体育教育的投入。与此同时，还要加大财政对基础教育、高校重点学科、优势专业学科建设和高校科研支持力度和对贫困地区和弱势人群以及薄弱学校的支持力度，最大程度地保障体育教育的公平性

保证体育教育资源的合理配置

- 通常体育教育资源状况直接决定着体育教育水平的高低，这就要求必须通过财政杠杆来有效促进资源优化配置，提高体育教育资源的利用率

确立积极的体育教育人才政策

- 实施培养、培训与引进三管齐下的人才战略，继续做好留学生和高级访问学者的选拔、培养工作，重点关注吸引留学生中的优秀体育人才。要做好体育专业人才的培养和留住人才工作

图 2-16　改进宏观管理，预测研究和保障体育教育

8. 赋予体育教育更多的人本关怀

体育教育针对的是学生个体，有必要赋予其更多的人本关怀。这就要求将培养人作为基本的教育观念，让学生在体育教育中感受到体育活动的乐趣，增强学生体育学习的主动性和积极性，不断培养其创新意识和创新能力，满足其在生活中的体育需求。

赋予体育教育更多的人本关怀，对教师提出了更高的要求。体育教师在体育教学中，要采用更加合理的教学手段，调动学生学习的兴趣和欲望，并不断丰富和创新体育内容，融入更多的人文色彩，构建更加丰富的教育体系。

二、我国社区体育的发展走向

（一）社区体育主体的多元化发展

当前社区体育的参与主体主要是老年人和幼儿，随着社会的发展，将会有越来越多的人群加入进来，社区体育参与主体将越来越多元化。对于老年人来说，他们仍将会是社区体育的重要参与主体。因为，随着社会的发展，医疗和卫生条件的改善，人口老龄化问题成为世界各国共同面临的难题，而且人口老龄化的程度会越来越高。日益增多的老年人，为了满足自身的强身健体和愉悦身心的需要，必然会不断壮大参与社区体育活动的老年人群体，成为社区体育互动的主要参与者。与此同时，中青年人也将会因体育健身意识的增强及休闲余暇时间的增多，逐渐加入社区体育中来，由此锻炼身体，缓解生活和工作压力。

（二）社区体育活动的业余化发展

随着社区居民参与体育意识的增强，将会有越来越多的社区居民参与到社区体育中来，他们在社区中进行体育运动，多是在清晨、傍晚、周末或是节假日，而且多是一些休闲性的体育运动，体现出明显的业余化。由此可见，社区体育活动的发展的业余化将是其未来的发展方向。

（三）社区体育活动的多样化发展

社区体育活动呈现出多样化发展的态势，这是满足人们日益增长的体育需求的需要。社区体育活动的多样化发展主要体现在活动内容和活动形式方面，具体如图 2-17 所示。

（四）社区体育设施的逐步完善

我国社区发展起步晚、水平低，这也导致了我国社区体育场地设施的匮乏。为了改变这种局面，国家相继制定颁布了《公共文化体育设施条例》和《社区体育设施建设用地指标编制》，为社区配套基础设施的建设提供了保障。同时，随着城市化的发展，广场、绿地和公园的建设越来越多，对社区体育设施也是一种补充。随着，我国对体育事业的重视，以及对国民体质健康的关注，社区体育设施不足的情况将会得到进一步改善。一般来说，改善社区体育设施条件，加大体育设施投入，主要从图

2-18 中的几个方面得以体现。

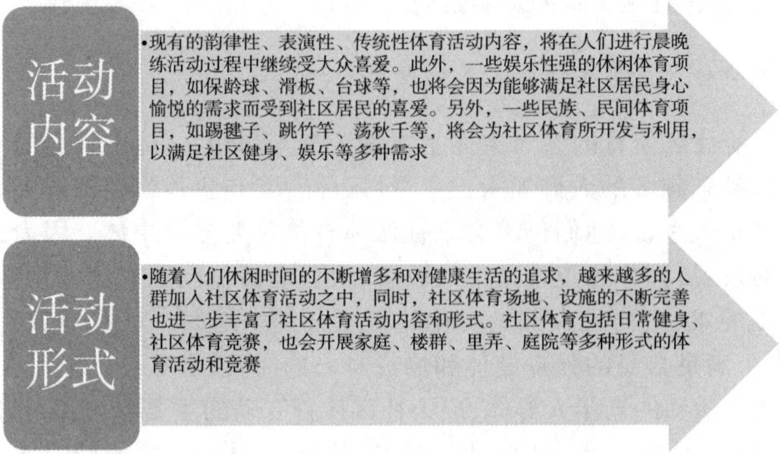

图 2-17　社区体育活动的多样化发展

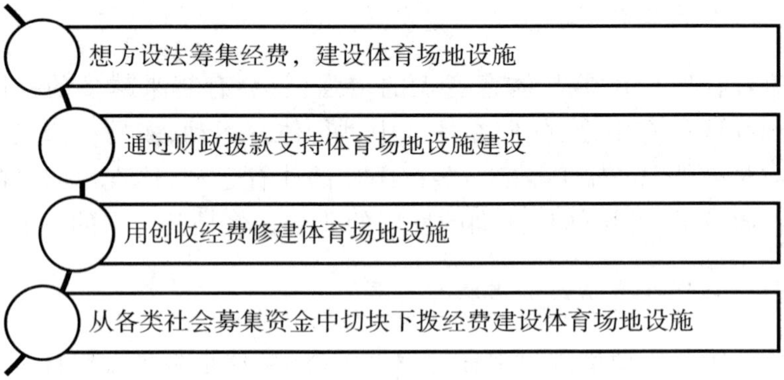

图 2-18　加大体育设施投入的途径

（五）社区体育管理体制的逐步完善

进入新时代，我国社区发展了翻天覆地的变化，也随之出现了诸多的问题，为社区体育管理增加了难度，完善社区体育管理体制，提高社区体育管理水平，迫在眉睫。我国由计划经济向市场经济转轨，打破了以往阻碍社区体育发展体制改革的因素。但由于我国社区的类型众多，各自的发展情况不一，必须根据各自的实际情况，探索适合自身发展的模式，使我国社区体育管理体制逐步完善。

（六）社区体育与学校体育交织发展

社区体育未来发展的趋势之一就是将于学校体育逐渐结合，互通有无，取长补短，相互促进，共同发展。具体如图 2-19 所示。

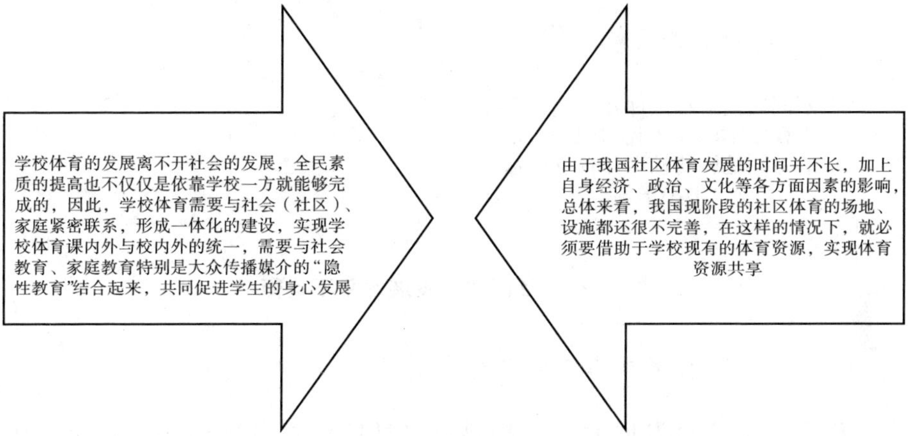

图 2-19　社区体育与学校体育交织发展

（七）社区体育的地位不断上升

随着城市化进程的推进，城市化水平不断提高，作为城市主要构成的社区在城市发展过程中扮演着非常重要的角色，社区体育自然也有着积极的作用，社区体育的地位不断上升。

社区体育的发展，满足了人们日益增加的体育健身需求，不仅使社区居民增强了自身素质，还培养起科学、合理、健康的生活方式和观念，这有利于社会精神文明建设走向深入，同时在社区体育活动中，社区居民相互之间沟通感情，这有利于社区邻里关系的改善，增强了社区的凝聚力，促进了社区的和平稳定，为社会和国家的安宁奠定了基础。

（八）社区体育发展水平的不均衡发展

在我国全民健身事业发展中，社区体育起到的作用不言而喻，它是全民健身的重要组成，也是实现全民健身事业发展的重要途径。在未来的发展中，由于各个方面的原因，社区体育发展水平将会呈现不均衡性。具体如图 2-20 所示。

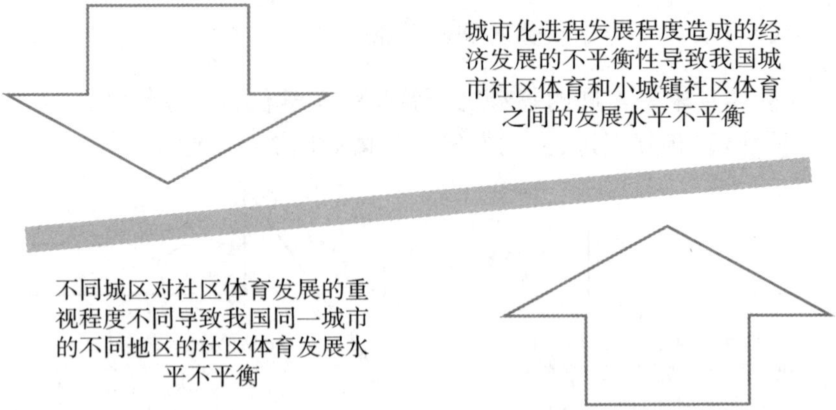

图 2-20 社区体育发展水平不均衡

（九）社区体育发展模式的多样化发展

我国社区体育发展的一大趋势就是社区体育发展模式多样化。在计划经济时代，由于受传统思维的影响，我国社区体育沿着固定的模式发展。但随着市场经济的兴起，社区体育的发展受到高度重视，不同类型的社区不断出现，满足了不断居民的生活和体育需求。在新时代，社区发展有了更多的自主性，可以根据自身特点和优势，打造有独特风格的社区体育。

（十）社区体育的组织与管理难度日益增大

随着时代的发展，社会也发生了巨变，社区体育发展面临着巨大的发展机会，也面临着诸多的发展问题，这些大大增加了社区体育的组织与管理难度[①]，如图 2-21 所示。

① 王凯珍，赵立．社区体育[M]．北京：高等教育出版社，2004.

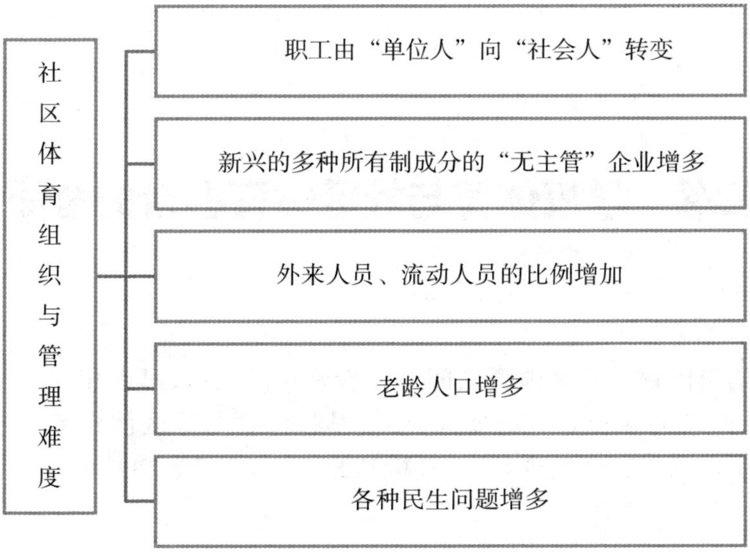

图 2-21　社区体育组织与管理难度增大

第三章　学校体育与社区体育融合的全面分析

学校体育与社区体育之间存在着密切的关系，可以相互促进，相互弥补，两者的融合具有必要性，要使学校体育与社区体育进一步融合，必须掌握两者融合的现状，并分析其的优劣势、机遇和威胁。

第一节　学校体育与社区体育之间的关系辨析

同属于我国体育的重要组成，学校体育与社区体育有着密切的关系。两者相互作用、相互影响，共同发展。对学校体育与社区体育关系的辨析如下所述。

一、学校体育对社区体育发展的作用

学校体育有着漫长的发展历史，它与社会体育的发展密切相关，作为教育的重要组成，其在培养公民体育意识，实施终身体育方面发挥着重要作用。我国学校体育发展至今已经形成了相对完善的体系，有着自身的特点，与发展时间不长的社区体育相比，在某些方面有着突出的优势，可以对社区体育起到特殊的作用，促进社区体育的发展。具体来说，学校体育对社区体育发展的影响主要表现在以下方面。

（一）增强社区体育的活力

社区居民是社区体育的主要参与人群，而在社区居民中，青少年子

女是重要组成,他们在家庭中有着突出的地位,会对家庭其他成员的体育行为产生重要影响。而这些青少年子女大都是学校体育教育的对象,他们在学校中接受了体育教育,拥有了丰富的体育知识,并掌握了一定的体育锻炼技能。加上他们具有活泼好动的天性,能够积极主动地参与到社区体育活动中去,成为社区体育中最活跃的因素。同时,他们还能带动家庭成员一起参与社区体育运动,并能利用自身所学的知识,指导其他成员的体育运动实践。可以说,青少年的存在为社区体育增添了活力,当然也可以说是学校体育促进了社区体育的发展。

(二)为社区体育开展提供物质条件

国家高度重视学校教育,为学校教育的发展投入了大量的经费,用于学校基础设施的建设,因此大部分的学校都有着相对完备的体育场地设施。可以说,我国现有的体育场地设施中,在学校分布得最多。而且由于是国家投资兴建,其专业性和先进性都得到了有效保障,与社会上的体育设施相比,无论在数量上还是在质量上都遥遥领先。在这些先进完善的体育场地设施中,学生们可以科学地进行体育锻炼,收获运动的理想效果。而对于社区来说,体育场地设施的短缺一直是困扰其进一步发展的重要因素。对于学校体育来说,可以合理利用和开发这些体育设施,通过合理收费和开放,供社区体育开展使用,一方面可以解决社区体育场地设施匮乏的难题,为社区体育开展提供良好的物质条件,另一方面,也可以实现创收,增加学校收入,为学校体育的发展提供更加坚实的基础。

(三)为社区体育提供所需人才

社会在发展,推动着我国社区体育的不断发展。在社区体育发展的过程中,人才的缺乏成为阻碍其发展的一个重要因素。社区居民在参与社区体育的过程中,没有专业人才的指导,很难获得理想的效果,甚至会因为不科学的运动导致伤病事故的发生,这将会大大挫败社区居民参与体育健身的积极性,也将对社区体育的发展产生极为不利的影响。学校是培养人才的重要场所,同时有着高素质的教师队伍,尤其是对于高校来说,体育教育人员相对充足,也有一些体育专业学生。学校中的这些教师和专业学生可以对社区体育提供强大的人才支撑,他们有着丰富的理论知识,而且有着一定的实践能力,能够胜任社会体育指导工作。

发挥学校体育的人才优势,合理利用人才资源,可以有效解决社区体育人才匮乏的问题,为社区居民提供科学的指导,可以极大地促进社区居民参与社区体育活动的积极性,使其收获理想的效果,营造良好的社区体育氛围,有利于社区体育与全民健身事业的发展。

二、社区体育对学校体育发展的作用

对于学校体育来说,社区体育也有着自己的优势,可以对学校体育的发展提供助力。具体来说,主要表现在以下几个方面。

(一)融入新理念,使体育教学组织更合理

我国学校体育长期处于封闭的发展环境,虽然经过了长期的发展,但存在着一定的问题,一大表现就是教学理念的落后。与之相比,社区体育的发展较为开放,因此有着较为新颖的理念,这些新理念可以为学校体育带来启发,促进体育教学组织更趋合理。

《全民健身计划纲要》提出,学校体育教育的最终目标是要培养起学生的自觉锻炼习惯,形成终身体育意识。但受传统教学思维的影响,我国学校体育教学模式对学生的个性发展不够重视,导致学生对体育学习兴趣不高,从而难以养成体育锻炼的习惯。社区体育的开展,是以尊重个性发展为特点的,这种新的理念可以改变学校传统教育理念,促进学校体育教学重视学生需求,注重学生个性培养,有利于调动学生体育锻炼的主动性和积极性,促进学生的全面发展。

(二)变革教学内容和课程体系结构

与学校体育相比,社区体育更贴近自然和生活,这也是学校体育长期以来所缺乏的。传统的学校体育教学,注重对学生进行枯燥的理论知识的传授,关注竞技体育项目技术内容的传授,严重脱离生活,对学生终身体育意识的树立和实际锻炼技能的掌握都难以起到理想的效果。社区体育的发展可以变革学校旧有的教学内容和课程体系,使学校体育教育内容更加注重娱乐和健身,并涉及保健、心理和医学知识,可以让学生真正掌握科学体育运动的方法,有利于其终身体育意识的建立,也能够为以后社区体育的发展奠定坚实的基础。

(三)促进学校体育资源的合理开发和利用

以往的学校,大都是较为封闭的,而社区体育的快速发展,对这种封闭性是一种冲击,可以促进学校体育资源的合理开发和利用。新时代,学校体育要想获得发展,不能仅从自身角度出发,而应与周边社区形成有机联系,在为社区体育发展提供帮助的同时,从社区体育中吸引有益的东西,从而获得发展的活力。同时,通过合理开放与利用学校资源,可以为社区体育服务,保证社区体育的顺利开展,同时也提高了学校体育设施的利用率。

(四)学校体育的有利补充与延伸

学校是学生参与体育活动的重要场所,社区也是,它是学校体育的重要补充。在学校中,学生参与学校的体育活动;在社区中,学生与家庭成员一块参与社区体育。与学校相比,社区体育活动内容较为丰富,而且一些项目具有浓厚的文化特色,这在一定程度上丰富了学生的体育体验,有利于他们体育知识的掌握和体育技能的获得。同时,社区体育中开展的一些体育项目,如舞龙、舞狮等,具有地方特色和民族特点,可以适当引入学校,这样可以有效丰富学校民族传统体育教学内容,为学校体育内容的扩充提供了资源库。

(五)帮助完善终身体育

终身体育自产生之后就受到了广泛的关注和支持,目前,其已成为我国学校体育改革的重要趋势。与学校相比,社区体育参与人群的年龄层更广,可以说涉及各个年龄段的人群,因此在终身体育方面的作用极为重要。学校体育可以传授青少年相关的体育知识,而社区体育则为其提供了利用知识的舞台,通过广泛参与社区体育,其终身意识也将会不断培养起来。同时社区体育活动种类繁多,与学校体育相比,更能满足学生的多样化需要,而且有利于其自主性的发挥。通过社区体育,可以增强学校体育的效果,完善青少年的终身体育意识。

通过社区体育,学校体育与社会的联系更加频繁,有利于学校体育发展契合社会需求,有利于形成家校共育的格局。社区体育对学校体育教学内容的革新和良好风气的形成也有着积极的意义。社区体育与学校体育可以各自发挥优势,形成互补,促进共同发展。

第二节　学校体育与社区体育融合的必要性

一、社区体育的发展需要学校体育

随着生产力的极大发展，人们生活水平得到提高，消费观念和结构也发生了变化。随着各种文明病的出现及生活工作压力的增大，人们对健康的需求和重视程度不断提高，体育成为人们追求健康的重要选择。在闲暇之余参与体育运动，人们可以增强体质、愉悦身心、缓解压力，形成良好的人际关系，因此人们在参与体育运动方面表现出了前所未有的积极和主动。作为人们居住的重要场所，社区成为人们进行体育运动的重要选择，社区体育得到快速的发展。

如上所述，我国社区中面临着诸多发展社区体育的困境和难题，要改变这种情况，最直接有效的途径就是利用周围的学校资源。通过学校场地设施的合理开发与利用，通过学校体育人才的科学使用，为社区体育场地设施缺乏、人才匮乏的问题提供解决之道，弥补我国社区体育发展中存在的不足，促进我国社区体育的发展。由此可见，社区体育与学校体育融合发展，对社区体育的发展来说，是十分必要的。

二、学校体育与社区体育融合对两者发展都有重要意义

学校体育与社区体育融合发展，这是各自发展的需要，也是体育事业整体发展的需要。但在我国社区体育发展过程中，作为一种社会体育活动，社区体育对学校体育的发展是起到重要作用的，但是学校体育对社区体育的作用没有发挥出来。因此，应该改变传统思想，打破封闭观念，解除社区体育与学校体育发展的各种障碍，实现两者的融合，对于社区体育的进一步深化发展是极为重要和必要的。

学校体育是非常重要的，只有在学校体育中打下坚实的基础，学习了丰富的知识，掌握了娴熟的体育技能，养成了体育锻炼的习惯，学生

在离开学校之后，才能继续进行体育运动，实现终身体育。同时体育也不仅仅是学校一个阶段的事情，学生接受学校体育教育之外，也需要在社会上积极践行体育知识，这也是终身体育的要求。只有学校体育与社区体育共同发展，才能获得好的效果。

长期以来，我国学校体育与社区体育是独立发展的，两者之间严重脱节。改变传统的体育教学模式，存在着诸多的现实障碍，但学校体育与社区体育融合发展的趋势难以扭转，这就要求破除学校体育的封闭状态，实现与社区体育的融合，通过良好氛围的营造，让全社会都重视青少年体育。

新时代，社区体育和学校体育都担负着为现代化社会培养更多的适应信息社会发展的高素质人才的使命。学校体育与社区体育只有实现融合发展，有机结合，才能推动我国全民健身计划纲要的深入实施，从而有效地改善中华民族的素质。

第三节　学校体育与社区体育融合的现状分析

一、学校体育与社区体育融合的现状

（一）组织管理方面互动发展现状

学校体育与社区资源互动发展是重要保障和基本前提。现阶段大部分社区都设置了专业、健全、完善的体育运动管理组织；而多数学校体育运动管理组织仍在建设过程中。虽然二者之间的互动发展工作已经提上日程，但由于二者管理机构健全程度不一，导致各自参与程度步伐难以达成一致，需要进一步加强沟通，促进二者有效互动发展。

（二）健身指导方面互动发展现状

二者互动发展的基本要求是专业健身指导，就现阶段发展情况而言，学校由于受到传统体育运动教学理念的影响和渗透，在很长一段时间内将运动技能、知识传授当作学校体育运动教学的核心和重点，忽视了学生体育学科素养的培养，即使在素质教育理念的专业指导下，学校

体育健身指导仍然处于初步发展阶段，与自始至终秉持强身健体的社区体育存在较大的现实差距；另外，社区、学校二者之间的健身指导收费标准也存在较大的差距。就这些情况而言，学校和社区体育在专业健康指导上仍然存在较大的现实差距，不利于互动发展工作的有序进行。

（三）体育设施方面互动发展现状

由于学校体育教学属于国家治理管理范畴，因此国家每年都会为体育设施建设投入大量精力和资金，为健全学校设施设备提供了重要支撑。而社区体育多数为民间自主组织，设施设备资金投入不足问题较为明显。然而，学校体育运动资源一般不对外开放，即便采用局部、小面积开放的规章制度，社区人民群众参与学校体育运动活动的难度仍然很大，在很大程度上降低了二者的互动性。

二、影响学校和社区体育互动发展的因素分析

（一）内部制度因子的影响

影响学校体育和社区互动发展内部制度因子所包括的主要内容为：体育资源的获取方式、全体教师和学生的态度、学校体育管理规章制度以及学校领导管理层的重视程度。其中，阻碍二者资源共享的主要因素就是体育运动参与者对体育健康价值了解不够深入，缺乏参与热情和积极性。不论是学校领导层，还是教师和学生，都没有提起对体育锻炼的足够重视，更加关注文化学科的学习，将体育锻炼放置于次要位置。学校体育课经常被其他学科课程占用，学生将课余时间放置于文化学科学习。因此，领导层、教师和学生必须积极转变教学观念，提高对体育运动的关心程度，才能迈出学校、社区二者资源共享的第一步。

（二）外部资源因子的影响

外部资源因子主要包括学校体育教学与资源共享之间是否存在冲突、体育设施设备是否完善、体育资源的共享方式和时间等方面。实质上，学校拥有相对丰富的体育运动资源，但缺乏对社区体育资源的认知，学校体育资源共享、分享的积极性不足成为主要的外部影响因子，原因主要有两点。第一，安全问题。学校是学生学习和生活的重要场所，若实现学校体育运动资源的开放，社区外部人员流入校内，必然会给学

校安保和管理工作带来更大的压力和负担。特别是当学校提供有偿体育资源共享服务时,这方面的压力会更加突出。第二,学校经营和管理风险。虽然学校经营管理的办法多种多样,学校也会提前进行经营管理风险的提前预估,但在实际经营管理过程中仍然存在成本高于收益这一现象。学校一旦实现体育运动资源的开放化管理,时间一长相关设施设备的损耗也会逐渐增加,这就需要学校承担更多的经营维护成本,在潜移默化中增加了学校体育经费支出,加剧了学校体育经费紧张程度。尽管学校有更加丰富的体育运动资源,但多种外部因素的共同影响下资源利用效率不够。在实现学校体育资源共享过程中主要面临如下问题:(1)如何维持资源共享和正常体育教学之间的平衡;(2)学校体育资源共享应该选择哪种方式进行;(3)如何设置学校体育资源共享的时限;上述问题都是影响学校与社区体育运动资源共享的因素。

(三)主观情感因子的影响

主观情感因子的主要内容是社区人民群众参与体育运动方式、参与时间、经济条件、体育运动观念以及专业体育教学人才的匮乏。其中,限制社区体育运动发展创新的主要原因是缺乏具有专业性的体育运动指导。科学的体育健身指导是人们提高健身实效性、避免运动损伤、掌握科学健身技巧行之有效的办法。我国大部分体育教师经历了多年的专业体育锻炼,是难能可贵的专业人才,但他们很少在社区体育活动中担任一职,没有充分体现体育专业人才的社会价值。

(四)客观动力因子的影响

影响学校体育和社区互动发展的主要客观动力因子是共享的责任制度、安全隐患、相关政策、宣传力度和所处区位。购置学校体育运动设施设备的经费一般出自国家财政,虽然这些资源的利用必须遵守国家相关规章制度的相关规定,然而真正实现的却寥寥无几。在多种因素影响下,学校大多将体育资源视作私有财产。除此之外,一些学校并没有明确划分运动区和教学区,导致学校在实现体育运动资源共享时出现手足无措现象;学校对外宣传体育运动特色的手段和力度不足,社会群众很难通过公共途径了解学校体育资源情况;学校与社区存在较远的客观距离也是影响二者体育运动资源共享的一大原因。

第四节　学校体育与社区体育融合的 SWOT 分析

SWOT 分析，也称态势分析法，它通过分析、研究、评价一个系统的优势（Strengths）、劣势（Weaknesses）、机会（Opportunities）和威胁（Threats）来确定系统发展战略。

一、优势分析

（一）学校硬件设施优势

为了满足日常的体育教学和体育活动开展需要，学校都建有专业的体育场地和设施，是我国体育场地设施的重要组成。无论从数量还是从质量来说，学校的体育场地设施都有着较大的优势。但是，除了学生开展体育教学，或者进行体育活动之外，这些场地设施都处于闲置状态，尤其是在节假日，这种情况更为普遍，导致我国学校的体育场地设施利用率不高。而我国社区体育却存在着体育场地设施匮乏的情况，难以满足社区居民开展体育活动的正常需要，因此，可以发挥学校体育场地设施较对的资源优势，在满足正常的教学需要的情况下，向社区居民开放体育设施，改变社区居民无处锻炼的现状，实现学校体育场地设施资源的合理利用。

（二）学校人才资源优势

学校是培养体育人才的重要阵地，学校教育的一大任务也是为国家培养所需的人才。对于学校来说，雄厚的人才资源是其一大优势。无论是具有专业素养、整体素质较高的教师，还是接受教育的学生来说，他们都是学校人才资源的重要构成。体育方面的教师或者学生，具有深厚的理论素养，掌握着专业的体育知识，同时具备体育运动组织能力，可以为社区体育的组织与开展以及社区居民的体育健身活动提供指导。

（三）社区实践平台与体育资源优势

社区可以为学生提供实践平台，还具备丰富的体育资源优势，主要体现在三个方面，如图 3-1 所示。

社区体育能为学校师生提供良好的体育教育实践平台

- 通过社区体育的整合、凝聚和服务功能，加深了高校体育社会化改革的力度，建立了学校体育资源和社区体育资源的规范和制度，把实现学校体育与社区体育资源共享作为深化教育改革的重要课题，已列入对学校体育工作的要求，明显地提高了教学质量和科研水平。体育作为一门应用性较强的学科，其培养出来的学生必须要有较强的运动能力及社会实践能力，但由于我国人才培养体制的矛盾，许多高校培养出来的体育类大学生的社会实践能力无法满足社会实际需要，因此，为了改变这一现状，许多高校纷纷采取措施，延长学生的实习时间和机会。而社区具有为学生提供良好体育实践平台的优势，可以将高校体育专业学生的教育实习环节放在社区体育中，让学生直接参加社区体育的指导和服务等相关工作，使学生在实践工作中提高自己的体育实践能力和社会适应能力，社区体育为学生实现理论知识联系实际提供了很好的场所和机会

社区体育为学校进一步发展提供条件

- 学校通过更好地开发、利用已有的体育资源，通过共享，提高其使用效率，可以大大节省学校体育经费，解决了学校体育场地设施的日常管理和维修保养等方面存在的经费不足的问题，而且学校可以借助社区与学校体育互动获得科研资料与信息，深入了解社区体育发展过程中存在的管理体系、运行机制、场地器材水平、居民健身需求等方面的问题，为学校的进一步发展提供了条件

社区体育具有丰富的民族传统体育资源

- 学校可以借助社区体育汲取民族传统体育、民间体育等养分，丰富并且拓展了体育教学的内容。如舞龙舞狮、扭秧歌、踩高跷、抖空竹、跳竹竿等，虽然对于场地器材要求不高，但是这些项目具有深厚的群众基础，对于弘扬传统文化，延续非物质文化遗产，培养学生的大众体育概念具有重要意义

图 3-1 社区实践平台与体育资源优势

二、劣势分析

（一）法律法规不健全

法律法规不健全是制约我国社区体育与学校体育融合发展的一大问题。西方国家社区体育发展起步早，发展时间长，在与学校体育融合发展过程中，也出现了法规问题，但是随着法律体系的不断健全，其社区体育与学校体育融合发展取得了不错的效果。

与西方国家相比，我国社区体育发展起步晚，发展时间短，虽然出台了一些相关的法律法规，但是还很不完善。如《体育法》和《全民健身计划》对我国社区体育的发展起到了一定的指导作用，对社区体育设施的使用作出了规定，但是对解决社区体育设施不足的问题无能为力。同时，在社区体育与学校体育的融合发展中，由于两者隶属不同的系统，没有明确的条文对两者融合发展中的具体问题进行规定。相关政策措施的缺乏，极大地影响了社区体育与学校体育的融合发展。

对于我国广大社区居民来说，社区体育设施、广场、公园等是其开展体育活动的主要场所，但是在这些场所还存在着一些乱收费的现象，这严重制约了社区居民的正常健身，打击了社区居民的锻炼积极性。由于没有明确的法律法规要求，学校体育场地进行对外开放的动力不足，难以发挥学校体育场地设施的资源优势，导致了设施的浪费。由此可以看出，要不断建立健全相关的法律法规，完善管理制度，解决妨碍社区居民正常开展体育活动的一切因素，加强对学校体育资源的合理开发，形成学校体育与社区体育融合发展的长效机制，使学校体育与社区体育在融合中实现共同发展。

（二）社区岗位设置缺乏

社区体育能够为学校学生提供社会实践平台，但是这种优势并未得到有效发挥，究其原因就是社区缺乏合理科学的岗位设置。对于现在的社区体育来说，其中有一些社会体育指导员，但大都属于兼职，他们从事社区体育服务与指导工作都是在做好其他社区事务之余进行的，社区中并未设有专门的社会体育指导员岗位。虽然学生可以进入社区从事相关工作，但由于岗位的缺失，相关工作无法得到有效开展，这就打击了学生在社区中进行社会实践的主动性。

三、机遇分析

（一）国家支持

长期以来，我国对于体育的重视主要体现在对竞技体育的关注上，以通过提高我国的竞技体育水平实现国际地位的提升。随着社会的发展，以及我国国际地位的提高，国家对群众体育的重视程度也不断加大，为此，国家实施了全民健身计划，并将学校体育与社区体育的发展纳入其中，通过大力建设体育设施，进行体育宣传，促进学校体育与社区体育的发展。国家的支持，为我国社区体育与学校体育的融合发展提供了机遇与保障。

（二）观念转变

除了国家的重视与支持外，人们的思想观念也发生了变化。随着生活节奏的加快、工作压力的增大，各种文明病、现代病层出不穷，严重威胁着人们的身体健康。人们渴望有健康的身体，纷纷寻找促进健康的途径，体育脱颖而出，表现出了良好的效果，成为人们的重要选择。人们在尝到锻炼的甜头之后，对体育的认识不断加深，体育健身的需求也日益高涨。人们传统观念、意识的转变，为社区体育与学校体育的融合发展奠定了坚实的群众基础。

四、威胁分析

（一）学校面临资金压力

社区体育的发展急需解决场地设施不足的问题，学校有着良好的体育场地设施资源，可以在保证满足正常体育教学需要的基础上，开放体育场地，为社区居民体育健身提供物质条件。但是，学校体育场地向社区开放也会产生一些问题，其中一点就是因使用频繁导致体育场地设施受损严重，增加了维修的难度，所需的维修资金也会增加。这样，就会无形之中增加学校的经费支出，使学校面临着一定的资金压力。如果不提前寻找解决之法，学校体育与社区体育的融合发展必然难以实现。

（二）学校领导不支持的态度

对于学校体育与社区体育融合发展的问题，一些学校领导也会持有不支持的态度。因为，学校体育与社区体育融合发展，打破了学校相对封闭的状态，势必会带来学校管理和安全方面的问题。基于这方面的考虑，学校领导不支持学校体育设施向社区开放，也就导致学校体育与社区体育无法融合发展。

（三）安全问题

在社区体育与学校体育融合发展的问题上，安全问题是无法忽略的重要内容。学校体育与社区体育融合发展，社区居民可以到开放的学校体育场地中进行体育锻炼，如果在此过程中发生伤害事故，便会为学校带来诸多的麻烦，另外，学校向社区开放，必然导致大量的社区居民进入校园，会对学校的秩序造成冲击，也会在一定程度上影响学生的正常生活学习和教师的工作开展，更有甚者，还会出现社区居民与学校师生之间的矛盾冲突，出现一些校园恶性事件，为学校的正常运行带来诸多困难。由此看来，要想实现学校体育与社区体育的融合发展，对于安全问题要提前合理的解决办法，免除学校和社区的后顾之忧。

第四章　学校体育与社区体育融合的手段与策略

学校体育与社区体育融合需要科学理论的指导，并遵循一定的原则，按照一定的模式进行，要促进融合产生理想的效果，需要采取切实可行的手段和策略。本章就对学校体育与社区体育融合的手段与策略进行研究。

第一节　学校体育与社区体育融合的理论指导

一、社区体育与学校体育融合的前提

（一）社区体育与学校体育目标统一

社区体育与学校体育是不同的体育形式，自然存在着巨大的差异，但是其在价值目标方面有着共同之处，即都追求体育运动参与者提高身心素质，获得全面发展，实现社会化和现代化。

我国为学校体育提出了“健康第一”的指导思想，要求在学校教育中重视体育，突出健康目标的实现。其实这一思想也是适用于社区体育的，社区体育同样是追求社区居民综合素质的提高，这在某些方面与学校追求学生的综合素质提高是相契合的。因此，可以说，社区体育与学校体育有着统一的目标。

（二）社区体育与学校体育管理体制兼容

我国社区体育与学校体育在管理体制方面存在的一定的兼容性，这可以从它们各自的管理体制方面体现出来。

社区体育与学校体育各自的管理体制见图 4-1。

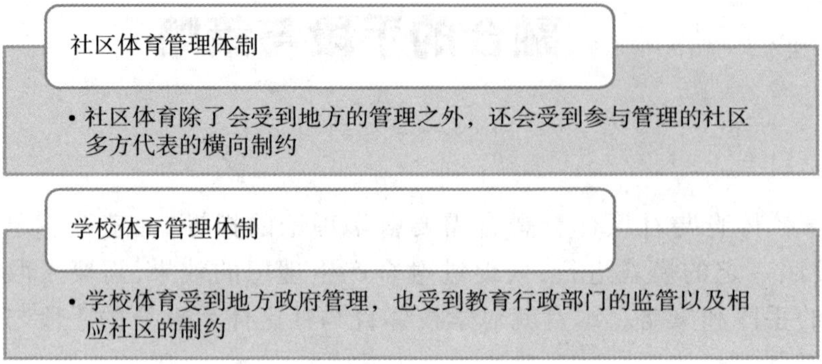

图 4-1　社区体育与学校体育的管理体制

由图可知，学校体育与社区体育都会受到所在地地方政府的管理，这种共同的权力源头，为社区体育与学校体育的沟通与联系提供了便利，能够促进它们之间的互动，实现共同进步。

（三）社区体育与学校体育相互影响

社区体育与学校体育之间是相互影响的，具体体现在两个方面，如图 4-2 所示。

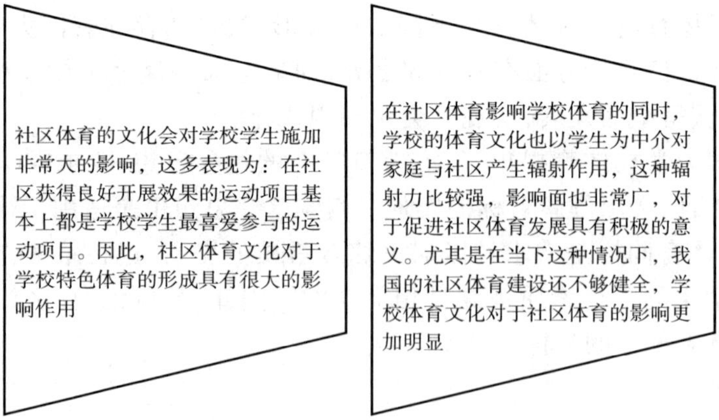

图 4-2　社区体育与学校体育相互影响

（四）社区体育与学校体育主体复合

社区体育与学校体育都有自己的主体，如图 4-3 所示。

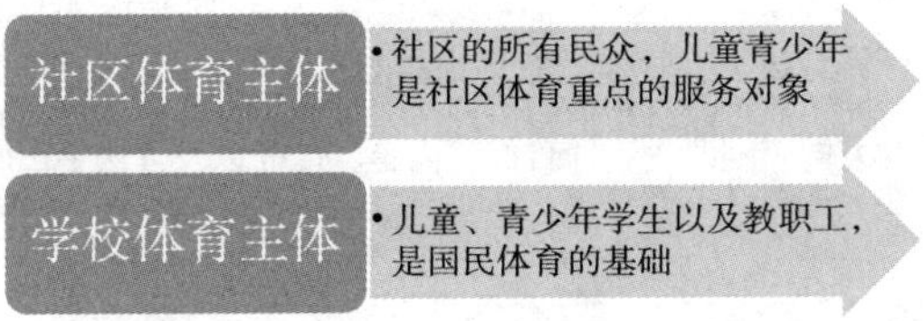

图 4-3 社区体育与学校体育的主体

从社区体育与学校体育的主体来看，都包括儿童和青少年，甚至一些教职工也包含在社区民众之中，因此，社区体育与学校体育的主体体现了一定的复合性特征。

（五）社区体育与学校体育特点互补

学校体育的中心是学校，有着自己的鲜明特点，主要表现在三个方面，如图 4-4 所示。

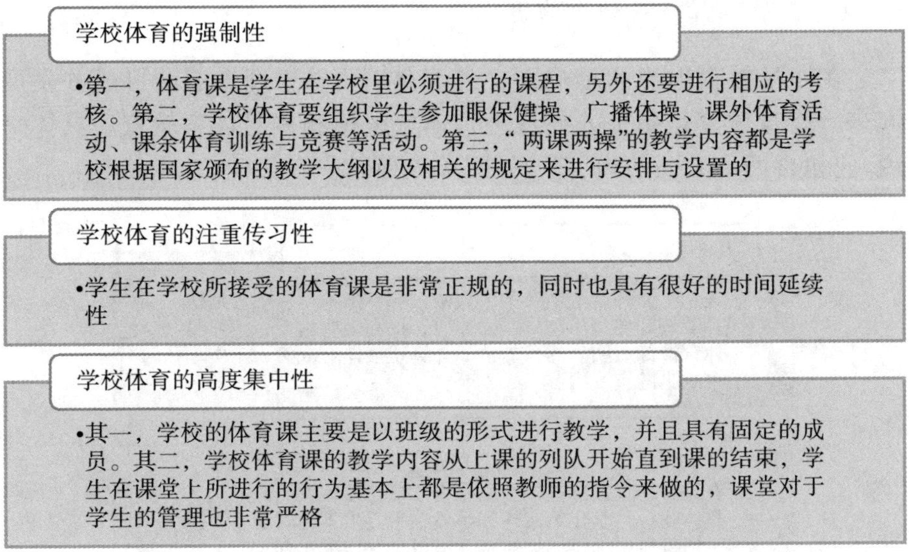

图 4-4 学校体育的特点

在社区体育中，参与主体可以自由选择，组织形式高度松散，体育活动内容较为灵活，与学校体育相比，社区体育的特点体现了巨大的差异。由此可见，社区体育与学校体育在特点方面具有互补性。随着社会的发展，社区体育与学校体育的互补合作会不断增多，融合发展将不断加深，如图 4–5 所示。

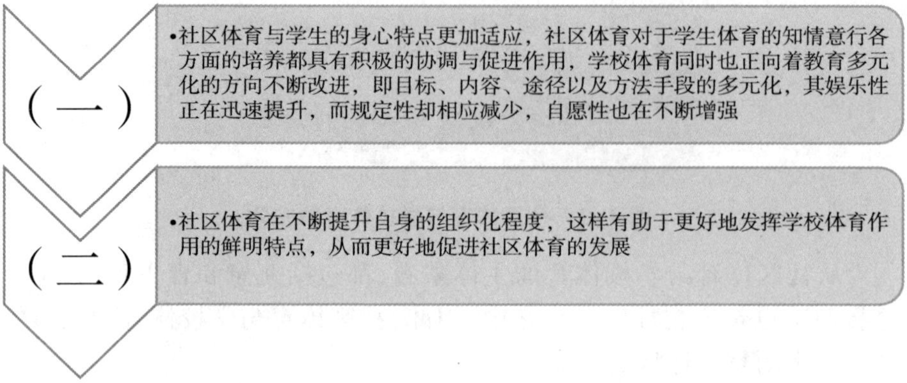

图 4–5　学校体育与社区体育互补合作不断增多

二、社区体育与学校体育结合的条件

（一）“终身体育”理念的提出

在终身教育思想的影响下，“终身体育”思想理念逐渐形成并发展起来。终身体育是指个人终身进行体育锻炼和接受体育教育。具体来说，它包含两个方面的内容①，如图 4–6 所示。

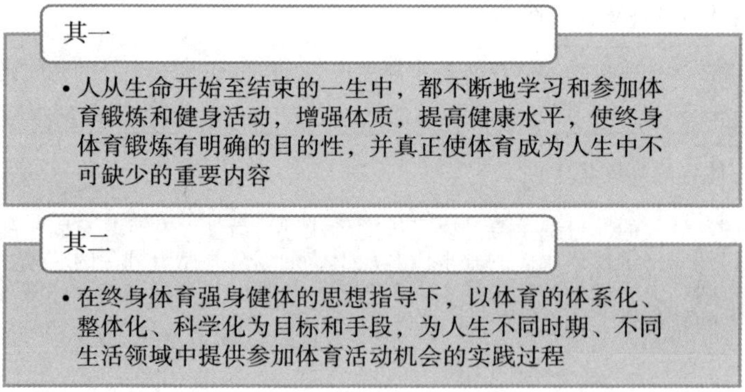

图 4–6　终身体育的内容

① 李敏卿 . 试论终身体育、学校体育和全民健身 [J]. 华南师范大学学报，2001（6）.

终身体育理念的提出给传统的学校体育提出了很大挑战，也为学校体育走向现代化与社会化提供了强大推动力，为社区体育与学校体育之间的结合提供了很好的理论指导。

（二）有关法律的制定与颁布

为了发展我国的体育事业，不断增强人民的体质，国家制定与颁布了一系列的法律文件，具体如图 4-7 所示。

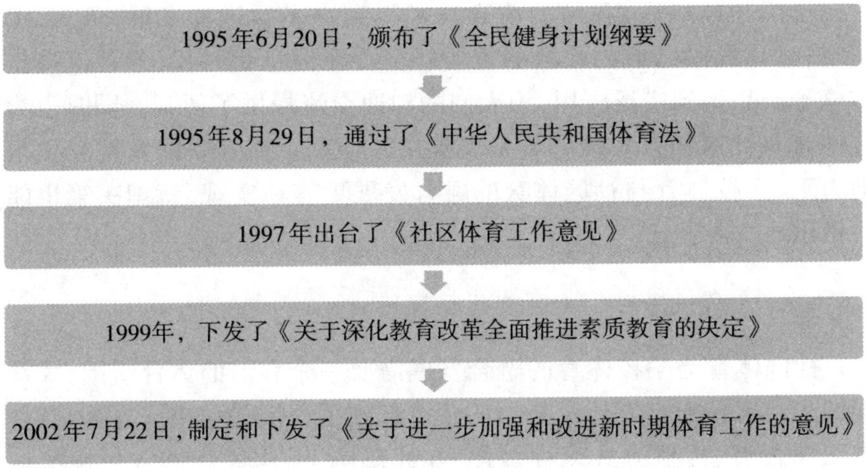

图 4-7 相关法律文件的制定

一系列体育相关法律法规的颁布，在很大程度上促进了社区体育与学校体育的不断发展，为社区体育与学校体育的融合发展创造了很好的条件，为我国体育事业的发展奠定了坚实的法律基础，对我国社区体育与学校体育的发展具有非常深远的意义。

（三）《全民健身计划纲要》的颁布与实施

从 20 世纪 60 年代开始，大众体育在世界范围内得到关注，我国顺应了世界潮流，并出台相关文件进行推动。1995 年《全民健身计划纲要》颁布并实施，成为我国发展群众体育一项重要工程。在《全民健身计划纲要》中，对学校体育与社区体育的发展都做出了重要安排，这两者也成为实现全民健身的重要环节。《全民健身计划纲要》的出台，为学校体育与社区体育的融合发展提供了平台。

（四）体育相关基础设施的不断建设

在社会的发展过程中，社区体育设施的建设不断得到完善，学校体育的资金投入也不断增多，这些都为社区体育与学校体育的融合发展提供了物质条件和基础。

（五）信息技术与电子产品的广泛应用

改革开放以后，我国的信息技术得到突飞猛进的发展，进入21世纪，信息化发展已成为社会的重要特征。在信息化时代，各种信息技术与电子产品得到广泛应用，为人们的沟通交流提供了便利。同时也为学校体育与社区体育实现融合发展提供了便利。在互联网及信息技术的助力下，学校体育与社区体育的融合发展更容易实现，管理决策也能更快做出。

（六）大众传媒对于体育的积极宣传

社区体育与学校体育的融合发展需要一个和谐的体育氛围，大众传媒的大力宣传对良好体育氛围的营造起到了积极的作用。当今，各种媒体飞速发展，传播方式多种多样，在此影响下，居民能够方便快捷地掌握体育运动相关资讯，也能及时获取体育锻炼的相关指导。大众传媒对体育新闻的报道，对体育知识的普及，以及对健康理念的传播，在一定程度上改变了社区居民的生活方式，激发了广大社区居民参与体育锻炼的积极性，为社区体育与学校体育融合发展创造了良好的舆论环境。

第二节　学校体育与社区体育融合的原则

一、整体营造原则

整体营造原则是学校体育与社区体育融合发展的重要原则，这就要求，在两者的融合发展中，应该从社区体育的整体出发，注重和谐发展，通过社区内各种力量的整体配合，为两者的融合发展创造条件。两者之间融合发展，并非盲目随意的，而是要通过协同发展，提高学校体育的教学效果和管理水平，改善社区体育开展现状，促进学生以及社区居民的共同发展。

二、目的性原则

我国社会主义制度决定了我国社区体育与学校体育具有相同的利益，这也是由我国统一的组织领导、统一的指导思想、共同的方针目的给予保证的。社区体育与学校体育的融合发展要严格遵循目的性原则，为党和国家的发展服务，为人的发展服务，要从两者各自的特点出发，从学生和社区居民的现实需求出发，促进学校体育与社区体育的共同发展。

三、资源共享原则

社区体育与学校体育融合发展过程中要遵循资源共享原则。所谓的资源共享，不是单向的，而应该是双向的。也就是说，社区体育发展面临的场地匮乏、人才短缺等问题，可以通过利用学校的相关资源来得到解决，同时社区的体育文化和体育资源优势也要得到充分发挥，为学校体育的发展起到一定的作用。资源共享是社区体育与学校体育融合发展的必由之路。

四、主体性原则

主体性原则是社区体育与学校体育融合发展的一大原则。无论是社区体育，还是学校体育，其最终目的都是促进各自参与主体得到全面发展，实现综合素质的整体提升。对于学校来说，儿童青少年是重要主体，学校体育的重点工作就是为儿童青少年的成长提供条件，促进其全面发展，而对于社区体育来说，虽然其参与主体多样，但儿童青少年也是工作的重点，要为儿童青少年提供体育运动实践的舞台，满足其体育文化需求。学校体育与社区体育遵循主体性原则，根本上就是要做到以人为本，通过为参与者提供各种服务，实现人的全面发展。

五、民主平等原则

在社区体育与学校体育的融合发展中，民族平等原则是需要遵循的重要原则，主要有两方面内容，如图 4–8 所示。

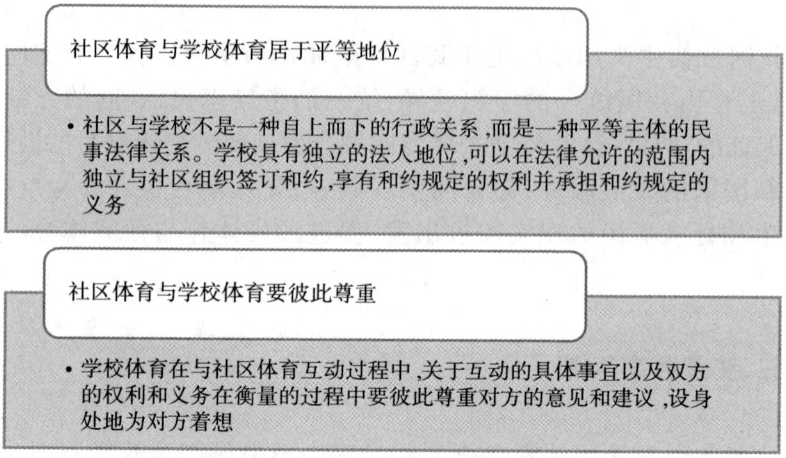

图 4–8　社区体育与学校体育融合发展的民主平等原则

六、教育性原则

社区体育与学校体育的特点决定了，社区体育与学校体育融合发展的过程中要遵循教育性原则，也就是说，也为参与者提供体育锻炼的条件和机会，并在参与过程中关注育人效果。在两者的融合发展过程中遵循教育性原则有着重要的意义，如图 4–9 所示。

七、开放性原则

开放性原则是社区体育与学校体育融合发展的重要原则，既然要实现融合发展，就要保持开放性的态势，只有保持开放性，才能保证两者的发展。教育的开发性包括三个方面的内容，如图 4–10 所示。

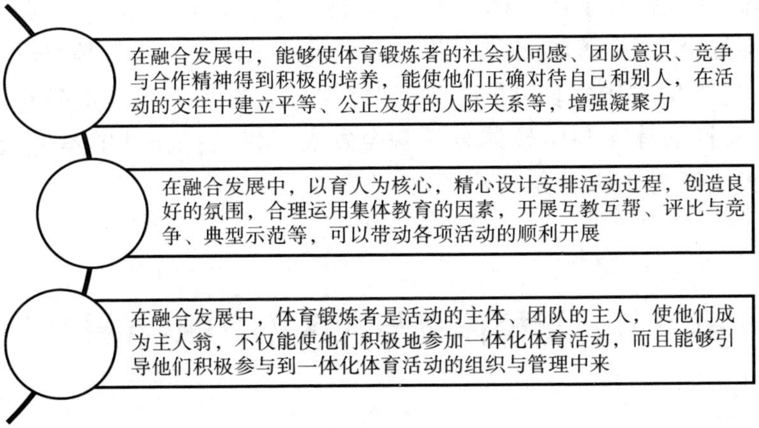

图 4–9　遵循教育性原则的意义

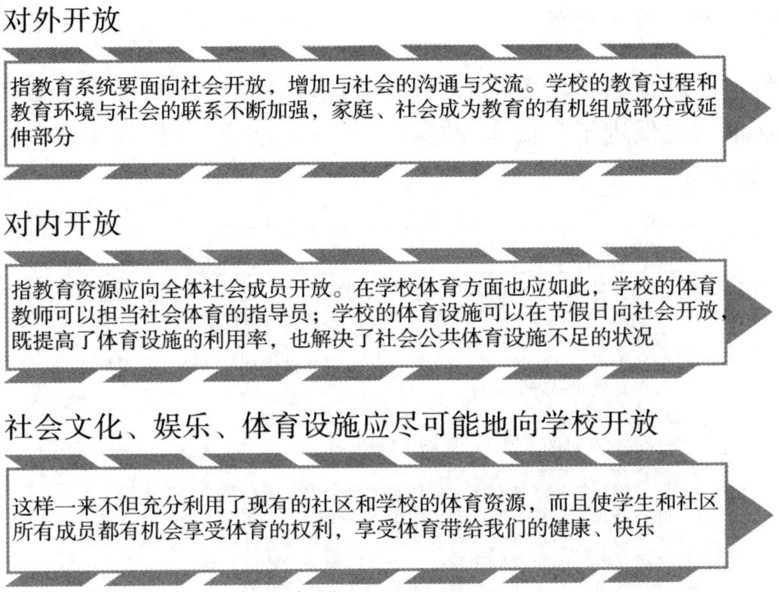

图 4–10　开放性原则的内容

八、法制规范原则

社区体育与学校体育的融合发展必须依照法律的要求进行，这就是所谓的法制规范原则。对于我国学校体育来说，由于发展时间长，相关的法律制度已经较为完善，这为我国学校体育沿着正确的方向发展提供了保障。但是，对于社区体育来说，虽然在法律建设方面已经起步，但还存在不健全、不完善的问题。尤其是对于社区体育与学校体育的融合来说，更需要相关法律政策的指导，以解决融合发展中出现的各种各样的问题，对社区体育与学校体育的融合发展提供可操作性的指导，从而使两者实现规范性的融合发展。

第三节　学校体育与社区体育融合的模式

一、各种社会改革促进融合模式的发展

（一）教育改革的促进

为了促进我国学校教育的发展，我国教育改革不断推进。教育改革的不断推动也促进了学校体育与社区体育的融合发展，具体体现在以下方面，如图 4-11 所示。

大教育为融合模式的发展提供良好的条件

- 大教育是在社会经济发展与教育改革的推动下逐渐产生的，经济全球化与知识经济时代的到来赋予了大教育终身性、多样性、开放性等多种特征。大教育是新世纪非常具有代表性的教育思想，它所表现出来的这些特征为社区体育与学校体育结合模式的不断发展提供了良好的条件

终身教育观对融合模式的影响将得到深化

- 终身体育为社区体育与学校体育的结合提供了充足的理论依据。随着终身教育观在我国教育改革过程中的不断深化，终身体育思想也得到了更加深入的普及。那么，其对社区体育与学校体育结合模式的影响也会同步深化，社区体育与学校体育结合模式必将会在这种不断深化与普及的过程中获得持续发展

图 4-11　教育改革对社区体育与学校体育融合模式的促进

（二）行政体制改革的影响

国家对体育事业的发展十分重视，随着改革的不断深入，我国竞技体育运动发展取得了辉煌的成就，我国在国际上的影响力与日俱增。但是，与之相对的社会体育却因面临着诸多的发展问题，未能得到充分的

发展，因此，发展群众体育，必须继续进行改革，尤其是要加大对行政体制方面的改革，以此推动我国体育事业的进一步发展。行政体制改革的影响主要表现在以下方面，如图 4-12 所示。

改变只依靠政府行政办体育的局面

• 在原来的计划经济体制之下，我国建立了单纯依赖国家和主要依靠行政手段办体育的高度集中的体育体制。由于广大民众是服务的对象，服务的方式直接深入到基层，企事业单位与民众团体的功能将得到更大程度的发挥，因此民办官助、体育自治将是社会体育运行的主要方式，同时也是改变单纯依靠政府行政办体育的局面的一种行之有效的方法。因此，社区体育一定会在这种局面的转变过程中获得很大程度的发展，它与学校体育的结合模式也能够得到进一步的发展

体育的政府行政职能将不断转变

• 我国体育的行政管理包括两个渠道，一是作为政府部门的国家体育总局与各级体委，二是作为社会组织的各种团体。改变高度集中的体育管理体制，就应该充分发挥社会团体的作用，同时不断改变国家体育总局以及地方体委的职能，我国社会的最基层行政单位居委会将转制为社区委员会，从其原来的单纯地方政府职能进一步发展成为区域联合的自治组织，社区体育与学校体育的融合将成为一种必然的发展趋势

体育实体将会不同程度地进入市场

• 体育事业实体与产业实体为两种性质不同的实体，体育事业实体属于社会服务与保障体系，而产业实体是整个社会产业组成部分，虽然两者的性质各异，但是两者都需要不同程度地进入市场，实行负荷实际的经济核算。在转变政府行政职能的同时，需要加快体育实体的发展，让我国体育的事业实体与产业实体不同程度地进入市场

图 4-12　行政体制改革的影响

（三）经济体制改革的带动

改革开放以来，市场经济体制逐渐建立起来，市场在国民经济中发挥的作用越来越大，我国经济体制改革全面发展。在经济体制改革的推动下，我国的体育事业也得到了飞速发展。传统的发展体育事业的观念得以改变，体育产业化程度不断提升，在此基础上，社区体育得到开发，为学校体育的发展提供了环境，而学校体育在理论研究和人才培养方面也得到了发展，为社区体育提供了人力和物力支撑，社区体育与学校体育实现融合发展成为现实。

（四）社会城镇化趋势的推动

对于我国来说，正发生着社会结构和经济体制两个方面的转变，具体如图 4-13 所示。

我国社会结构转型与经济体制转型的具体表现就是城镇化发展情况。随着城镇化的发展，城市的建设和社区的建设受到重视，为社区体育的开展提供了良好的条件，满足了社区居民日益增长的体育需求，社

区体育在这种需求不断高涨的情况下将会进一步发展，也将会逐渐实现与学校体育的融合发展。

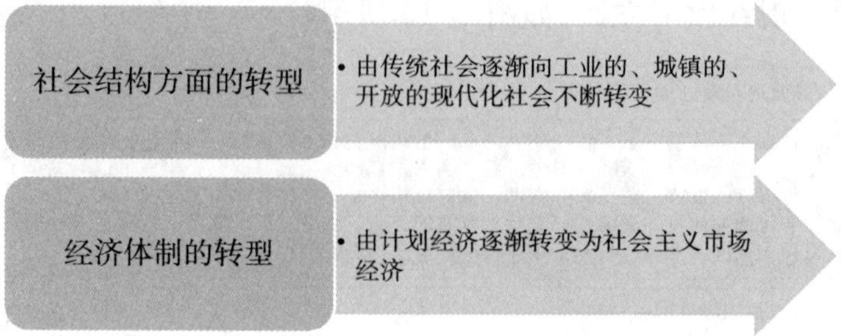

图 4–13　我国的两大转型

二、《全民健身计划纲要》对融合模式的积极影响

1995 年颁布的《全民健身计划纲要》对我国群众体育的发展有着极大的指导意义，也对社区体育与学校体育的融合发展有着重要的积极影响。《全民健身计划纲要》的颁布实施，为我国学校体育与社区体育的融合发展提供了条件，学校体育与社区体育的融合发展也为《全民健身计划纲要》的实施提供了动力（图 4–14）。

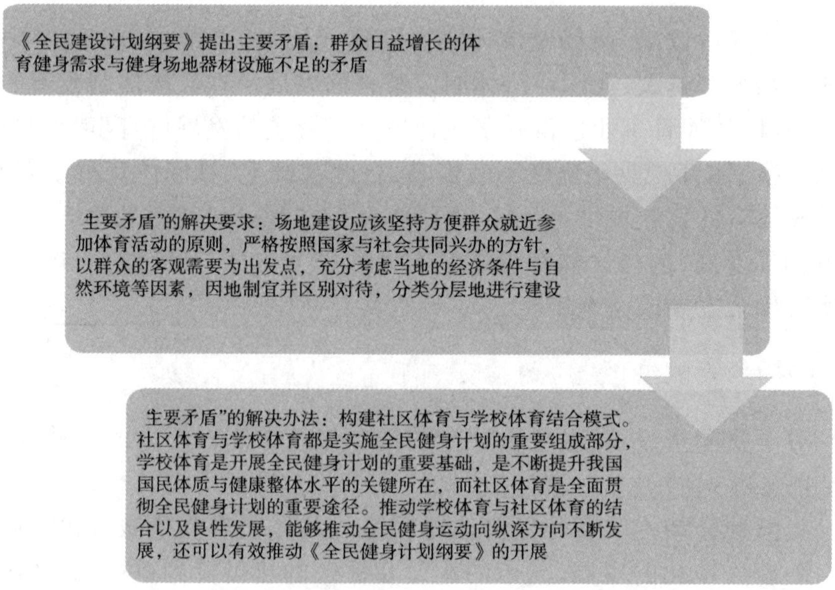

图 4–14　《全民健身计划纲要》对融合模式的影响

第四节　学校体育与社区体育融合与发展的策略

一、社区体育与学校体育管理模式相结合

对于处于初级阶段的我国社区体育来说，其存在着管理与保障体制不健全的问题，难以满足社区体育发展的现实需要。而学校体育注重于校内体育活动的主旨与开展，在对社区体育进行支持方面存在不足，影响了校外体育活动的开展。社区与学校体育工作的不协调为学校体育与社区体育的融合发展产生了阻碍，这就要求建立学校—社区一体化体育组织网络与保障体系，促进社区体育与学校体育融合模式的健康发展。

（一）设置社区—学校体育委员会

设置社区—学校体育委员会，是社区体育管理工作的需要，也是一种有效的管理方法。具体来说，其发挥的作用体现在三个方面，如图4-15所示。

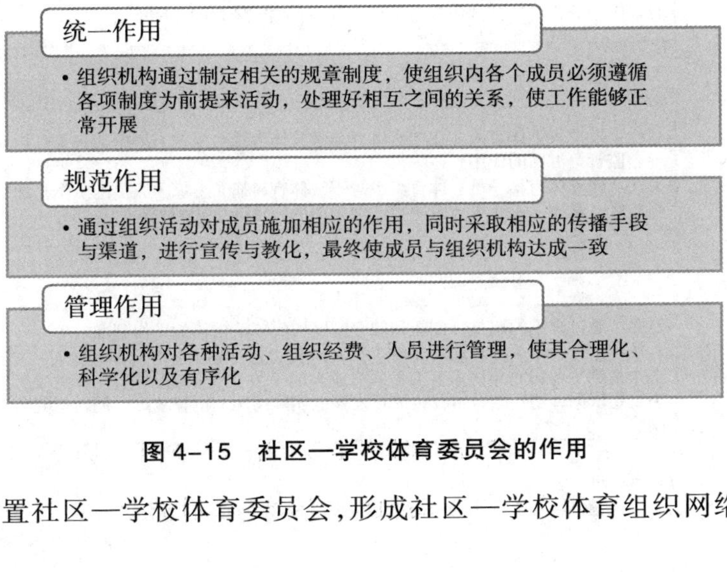

图4-15　社区—学校体育委员会的作用

设置社区—学校体育委员会，形成社区—学校体育组织网络，能够

使整个教育的过程更加顺畅，也可以为学校体育提供教学科研与社会实践平台。

（二）建立社区体育与学校体育融合模式的保障体系

社区体育与学校体育融合模式要想持续健康发，建立一定的保障体系是十分必要的。从社区体育与学校体育的实际出发，需要建立的保障系统大致包括五类，分别为体育经费、设施、服务、人才和制度保障系统。

五类保障系统的工作目标与方法如图 4–16 所示。

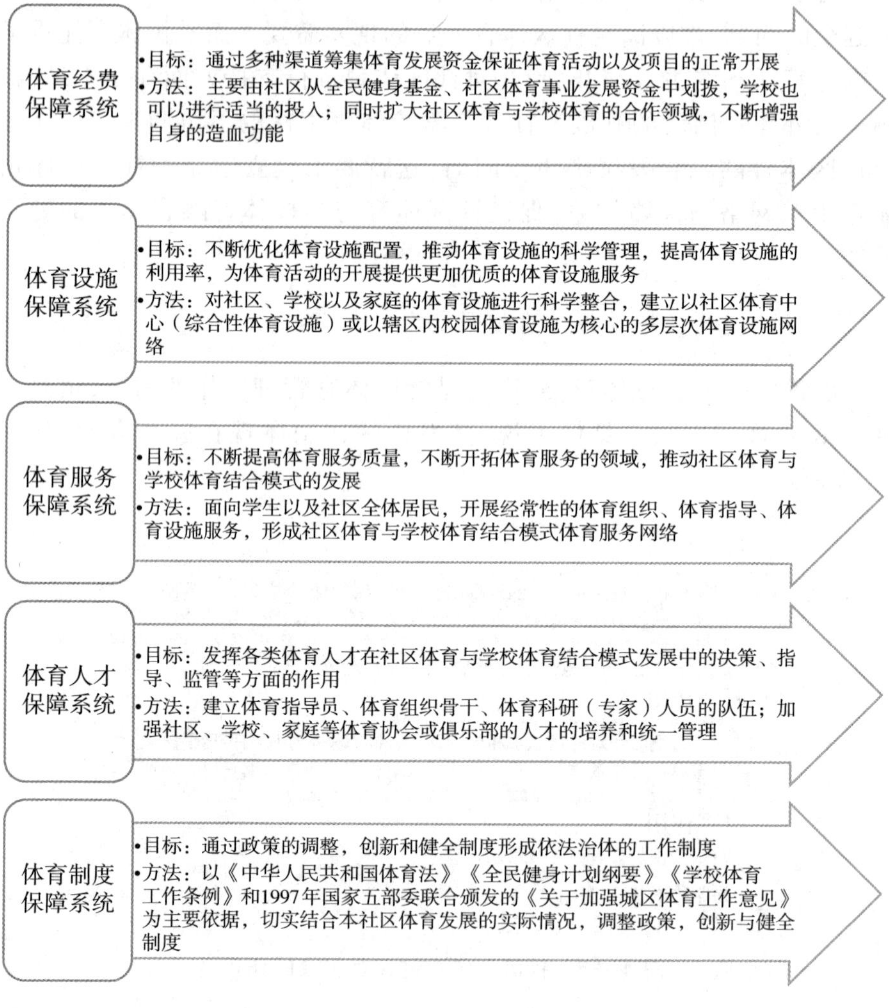

图 4–16　五类保障系统的目标与工作方法

二、社区体育与学校体育场馆设施相结合

我国社区居民参与体育健身的热情高涨，但是却面临着体育场地设施缺乏的窘境，而同时学校体育场馆设施则存在闲置和资源浪费的情况，发挥学校体育的资源优势，促进学校体育与社区体育的融合发展，需要社区体育与学校体育场地设施实现资源的共享[①]。

（一）学校体育设施对社区进行开放

学校体育设施对社区进行开放，可以改变社区体育场地设施匮乏的现状，具体来说可以做到以下三个方面，如图 4–17 所示。

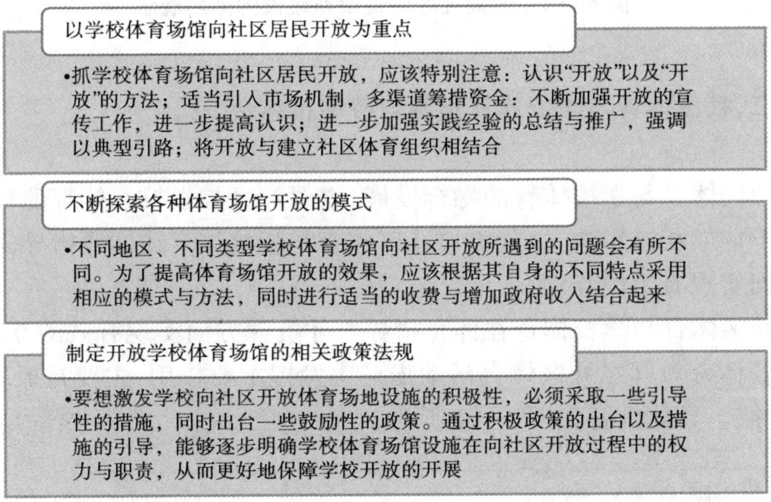

图 4–17　学校体育设施向社区开放的做法

（二）社区体育不断满足学生的多种需要

社区体育设施建设的过程中，也要考虑学校体育教学的实际，满足学生的多种需要，真正做到物尽其用。当前，在社区体育中存在着一些落后的传统观念，如图 4–18 所示，影响了社区体育场地建设，从而不利于社区体育在学校体育发展中作用的发挥，因此应转变落后观念，优化

① 何艳君．论社区体育与学校体育的协调发展 [D]. 桂林：广西师范大学，2005.

社区体育场地建设，为学校体育发展助力。

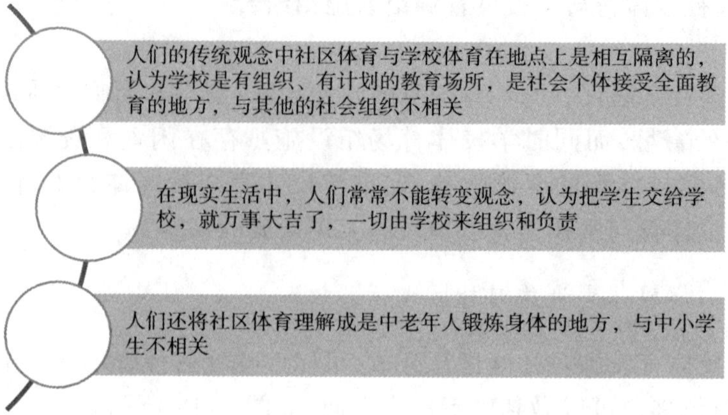

图 4–18　影响社区体育设施建设的落后观念

三、社区体育与学校体育指导与咨询相结合

社区体育与学校体育的融合发展，需要社区与学校在体育的指导和咨询上能够相互影响，这就需要社区体育与学校体育在体育指导人才资源方面实现有效的互动。

社区体育与学校体育在体育指导人才资源方面实现有效的互动，要求学校体育教师在社区体育活动指导中发挥重要作用，主要是抓好“三类指导”。具体内容如图 4–19 所示。

对社区健身站点健身活动的指导

- 社区的健身站点是我国群众体育基层的组织形式，它能够对人民群众进行直接的服务，不仅非常普及，而且作用重大。因此，社区健身站应该对社区居民的健身活动进行科学的指导，积极推广各种新颖的健身方法

对户外体育设施科学使用与维护的指导

- 随着全民健身计划的实施以及我国社区体育的不断发展，健身路径等户外器材越来越多，使用率也得到了显著提升。但是，在科学锻炼、器材维护方面仍然有很多不足之处。因此，应该采取多样化的方式与方法加强对参与健身群众科学锻炼与安全使用锻炼器材设施的教育与指导，使其掌握科学锻炼身体的方法，从而显著提升锻炼的实效性与安全性

对营利性体育场所体育活动的指导

- 对于营利性体育场所体育活动的指导，可以采取对锻炼者进行体质测试、为其制定锻炼计划并提供技术指导服务等措施，不断提高锻炼者体育锻炼的科学性

图 4-19　学校体育教师在社区体育活动中的三类指导

四、社区体育与学校体育锻炼形式相结合

开展社区群众性体育活动是社区体育工作的重要内容，同时也是增加社区居民锻炼形式的重要途径。社区体育应向学校学习，搞好四类活动，同时社区体育还应与学校体育一起开发运动项目。

(一)社区体育向学校学习，重点搞好“四类活动”

开展群众性的体育活动有着一定的要求，主要涉及四个方面，具体见图 4-20。

既要有传统，还应该形成特色

既要做到积极参与，还要做到持之以恒

不仅要激发兴趣，同时还要造成声势，从而形成定势

不仅要搞好各种人群的活动，同时还要关心重视弱势群体的活动

图 4-20　开展群众性体育活动的要求

为促进社区体育与学校体育的融合发展，应该重点搞好四类活动，分别为特色活动、“品牌”活动、公园与广场体育活动以及民族民间体育活动，具体可见图 4-21。

搞好特色活动

- 由于全国各地区都具有各自的优势与特点，因此各个地区都可以根据自己的实际情况开展一些有特色的体育活动，使之更加适应群众的各种爱好

搞好“品牌”活动

- 群众体育活动也应该打造出精品，形成自己的“品牌”。品牌的打造不仅可以很好地贯彻以人为本的指导思想，同时还可以促进全民健身事业的不断壮大，使体育健身工作的品位得到不断提升。品牌的打造可以在很大程度上提高社区居民的健身意识，同时还能够吸引群众参与到健身活动当中

搞好公园与广场体育活动

- 公园与广场已经成为群众健身的重要场所，它不仅具有环境优势，同时还具有展示性强、容易参与的特点，对于群众参与体育活动有很好的示范与带动作用。因此，要注意对这种形式加强组织与领导并给予高度关注

搞好民族民间传统体育活动

- 我国民族民间传统体育活动源于人民群众的生产生活，具有非常强大的生命力，容易受到民众的认可与接受。我国民族民间传统体育活动内容相当丰富、形式多种多样，如果能很好地对这些传统的体育项目加以开发，不仅能够大大丰富全民健身的手段和内容，而且对民族传统体育文化的继承与创新也具有非常重要的意义。因此，应该搞好民族民间传统体育活动，不断推陈出新，加强总结、提炼和实验，不断推出新的、科学的健身方法与手段，使这些体育活动在全民健身活动中发挥出更大作用

图 4-21　搞好四类群众性体育活动

在上述四类活动中，搞好民族民间传统体育活动十分重要，需要注意相关问题，如图 4-22 所示。

- 大力弘扬中华民族优秀文化传统，保持与时俱进，不断推陈出新
- 为维护社会政治稳定的大局服务，不断增强政治意识与阵地意识
- 围绕构建多元化体育服务体系，积极推动群众性健身活动的开展
- 不断满足人民群众不断增长的体育健身需要，始终走群众路线

图 4-22　搞好民族民间传统体育活动的注意问题

（二）社区体育与学校体育共同开发运动项目

我国历史悠久，体育文化底蕴厚重。社区体育是体育的有机组成，其中同样蕴含着丰富的体育课程资源，可以为学校体育课程建设提供资源库。而学校体育中的体育运动有着自己的特点，存在普及性不高的情况，因此，可以借鉴社区体育开展的体育项目，整合资源，开拓空间，形成课内外一体化，提升学校体育效果。对于社区体育来说，体育项目的健身性与娱乐性较强，普遍适合老年群体和女性群体，无法满足所有社区居民的需求，因此，可以从学校体育中借鉴吸收，与学校体育共同开发运动项目，促进体育文化的交流，实现学校体育与社区体育的共同发展。

五、社区体育与学校体育经费保障相结合

无论是社区体育，还是学校体育，其发展都需要一定的经费保障，这对于学校体育与社区体育的融合发展来说，至关重要。保障学校体育与社区体育融合发展，筹集经费通过多种渠道实现，如图 4-23 所示。

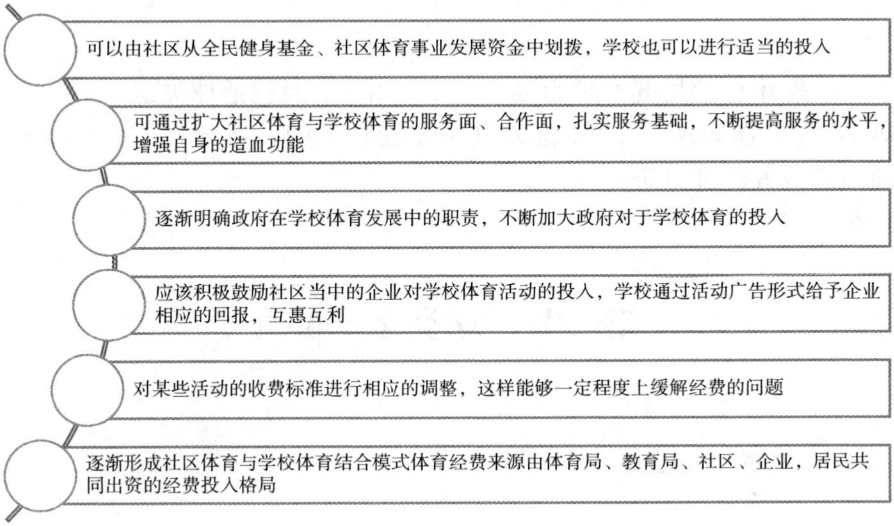

图 4-23 筹集经费的多种渠道

六、社区体育与学校体育文化资源相结合

社区体育与学校体育的融合发展是加强文化资源整合的一种客观需要。学校有着极具特色的校园文化，社区居民进入学校，可以感受到这种文化，受到这种文化的熏陶，在体育锻炼的同时，提高了自身的修养。学校的师生也可以通过社区体育获取各种社会文化知识，丰富自己的知识结构。

学校是开展教育的场所，也是重要的宣传阵地，加强社区体育与学校体育文化资源的结合，可以动员更多的群众参与体育运动，促进文化的发展，实现学校体育与社区体育的融合发展。

第五章　学校体育常见健身项目与方法

学校体育常见健身项目与方法有很多，主要包括球类运动、武术类运动、健美操运动等，本章选取其中比较常见的一些项目，对这三类运动的健身方法进行研究。

第一节　球类运动健身

一、篮球运动健身

（一）篮球运动健身功效

篮球运动是常见的球类运动之一，对于健身者来说，其在增强体能和改善身体系统功能方面有着积极意义。

篮球运动在发展体能素质方面具有重要作用。参与篮球健身活动，有助于促进健身者各方面体能素质的改善与提高。当代人生活条件较为优越，营养丰富，而且大都独自拥有电子产品。一些人平时饮食不规律，贪图味蕾享受，吃不健康食品，而且很多时间花在玩电子产品上，不注重运动。这些原因在很大程度上造成了肥胖、身体素质较弱等问题的出现。而体质健康问题又直接影响了人的学习与日常生活。从运动学视角出发，人体参与篮球健身锻炼活动，既能改善身体形态，又能提升身体素质，最终全面增强体质，提高健康水平。

人们在社会中面临着严峻的生活压力，为了工作和学习，一些人几乎将全部精力与时间投入到学习或与工作有关的事情中，长此以往，视力逐渐下降，体质下滑，甚至有些人因为长期不运动，遇到了晕厥、休克、猝死等危害生命健康的严重问题。而篮球运动对人们而言,无论是改善已经存在的健康问题,还是预防新的危害健康的现象的发生,都具有重要意义。人们科学参与篮球运动,有助于改善身体各器官系统的功能水平,使心血管系统、消化系统、呼吸系统、运动系统等各个系统的功能保持在最佳状态。

总之,篮球运动具有强大的健身功能与非常重要的社会价值,这是人们喜欢这项运动并乐于参与其中的一个主要原因。篮球运动对人的意义不仅体现在促进生理健康、心理健康的健康促进价值上,还体现在提高社会适应与交往能力的社会化发展价值上。

(二)篮球运动健身方法

1. 移动

移动包括起动和跑。起动动作见图 5-1,跑的动作见图 5-2。

图 5-1 起动

图 5-2 跑

2. 传接球

传接球动作是篮球运动健身的重要技术，双手胸前传球动作见图5-3，双手接球动作见图5-4。

图 5-3　双手胸前传球

图 5-4　双手接球

3. 运球

运球有高运球、低运球、转身运球、背后运球等，分别见图5-5至图5-8。

图 5-5　高运球

图 5-6 低运球

图 5-7 转身运球

图 5-8 背后运球

4. 投篮

投篮是篮球运动得分的重要手段，也是篮球健身中最大的乐趣所在。投篮中常见的原地单手投篮和原地跳起右手投篮动作见图 5-9、图 5-10。

图 5-9 原地单手投篮

图 5-10 原地跳起后投篮

二、足球运动健身

(一)足球运动健身功效

足球运动是有助于全面锻炼身体、促进体能全面发展的一项健身项目。人们参与足球健身运动，能促进健康，强健体魄，促进力量、速度、耐力、灵敏、弹跳以及身体控制力等多方面身体素质的发展，而且有益于改善机体各器官系统的功能，尤其是呼吸系统、心血管系统、神经系统的功能。参与足球运动健身锻炼，还能促进人体高级神经思维的发展。

足球健身锻炼活动对人的心理健康也是有益的。足球运动中，双方之间的对抗较为激烈，运动场上攻方与守方的角色、位置频繁变化，观众很难预测局面。这样的运动环境要求参与者拥有良好的运动心理与运动智能，包括运动感知能力、意志品质、观察力、注意力、记忆力、思维能力、想象力以及创造力。而通过参与足球运动，也能培养这些能力，能使人自信心增强，心理素质得到改善，智能得到发展与发挥。足球运动对培养人的意志品质及道德品质也有重要意义，如果断勇敢、顽强不屈、积极进取、团结合作、遵守规则、公平竞争等。

（二）足球运动健身方法

1. 传球

传球是展开整体协作与配合的基本技术，攻守双方都要通过传球来展开对抗。传球时注意尽快完成传球动作，灵活传球，并隐蔽传球意图。

2. 接球

足球的接球技术中，人们习惯于用脚内侧和脚背正面接球。脚内侧接球又根据来球位置不同分为接空中球（图 5-11）、接地滚球（图 5-12）、接反弹球（图 5-13）；脚背正面接球见图 5-14。

图 5-11　接空中球

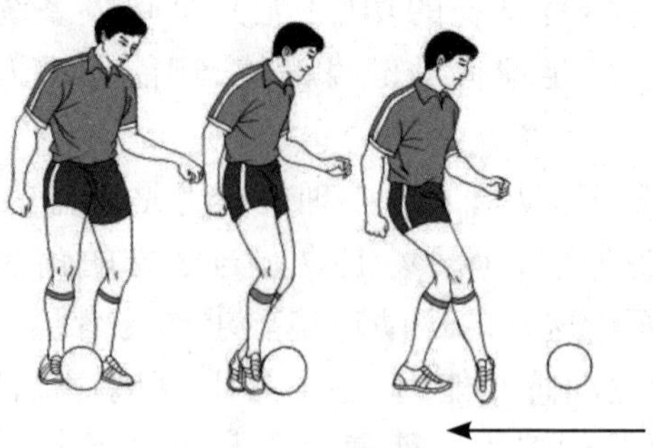

图 5-12　接地滚球

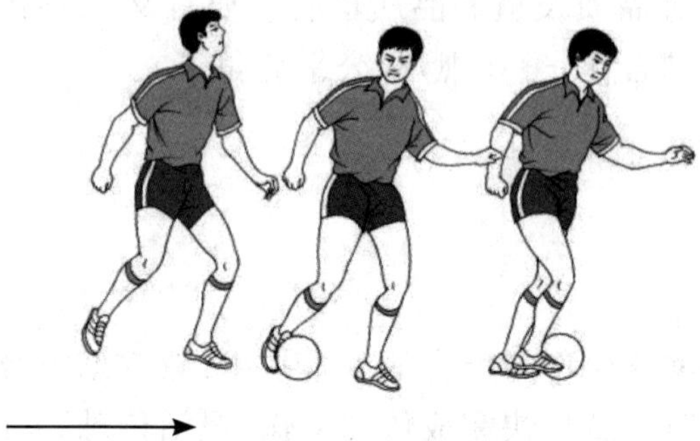

图 5-13　接反弹球

图 5-14　脚背正面接球

3. 运球

足球运球过人如图 5-15 所示。

图 5-15　运球过人

4. 踢球

与接球类似，踢球也有脚内侧踢球和脚背内侧踢球之分，动作方法分别见图 5-16、图 5-17。

图 5-16　脚内侧踢球

图 5-17 脚背内侧踢球

5. 头顶球

足球中允许用头顶球，头顶球包括原地顶球（图 5-18）、原地跳起顶球（图 5-19）和鱼跃头顶球（图 5-20）。

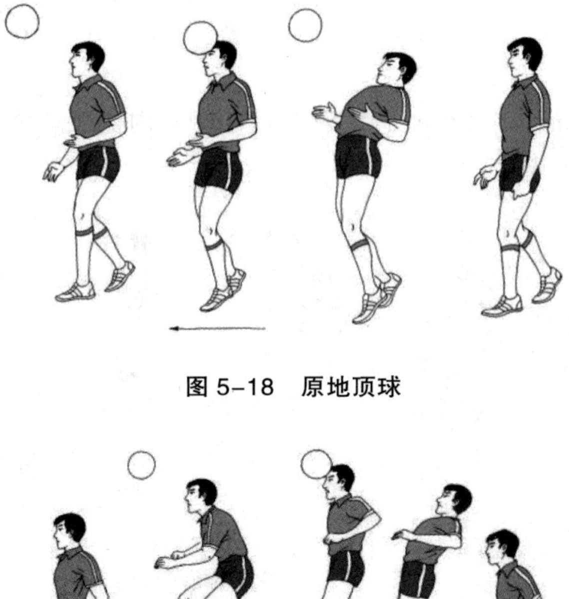

图 5-18 原地顶球

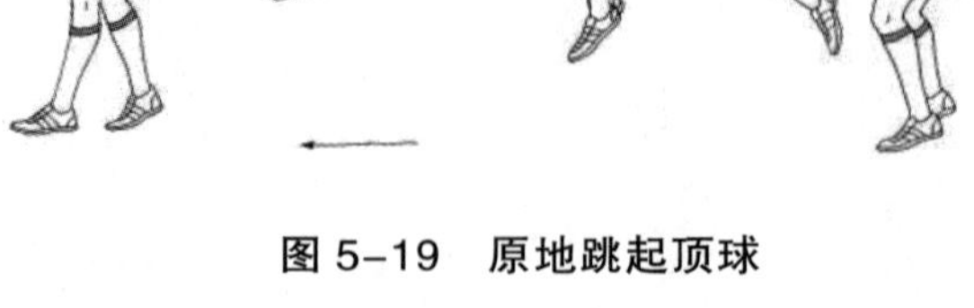

图 5-19 原地跳起顶球

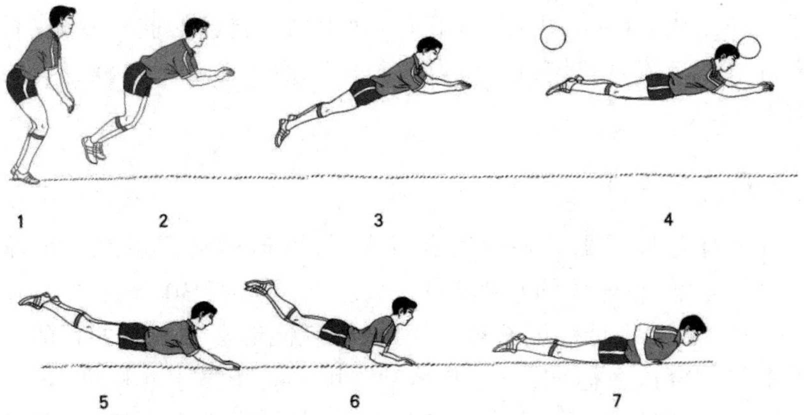

图 5-20　鱼跃头顶球

三、网球运动健身

（一）网球运动健身功效

网球运动是一种以身体的练习为主要手段，人体直接参与并且承载一定的运动负荷的运动项目。网球运动的过程中既包含有氧运动，也包含无氧运动，一般的发球、拍球、奔跑等动作为有氧运动，但是瞬间爆发力比较强的跑、跳、跃等动作为无氧动作。因此，网球运动除了能够增强人的体能，还能够对身体的呼吸水平、神经系统、循环系统等产生刺激，提高人的心肺功能，增强人体的反应能力，促进人体的新陈代谢。

1. 培养灵活的思维方式

网球运动是一项需要比赛双方不停在进攻和防守之间博弈的运动，这个过程既考验参与者的体力和运动技能，也非常考验参与者的运动智慧和反应能力。经常参与网球运动有助于培养灵活的思维方式，提升自己的智慧水平。

2. 增强交往能力

网球是一项无法单人进行的运动，必须同时具备比赛双方，这种特征注定网球运动具有很强的互动性。网球运动中既需要和队友进行交流沟通，建立队友之间的默契度，培养团队协作能力；也需要和比赛对手之间建立友好的关系，公平竞争，相互尊重。网球运动是一种人际交往的好方式，健身者可以在网球运动中拓宽自己的朋友圈，或者与朋友进行情感交流，增进友谊，经常进行网球运动能够增强健身者的交往能力。

3. 改善体型

对于有健身减肥需要的健身者来说，网球运动无疑是一个非常合适的选择。根据科学的数据显示，人们每天进行30分钟以上心率为120 ~ 160次的中低强度有氧代谢运动，就能够达到减肥的目的。网球运动不仅符合这个标准，而且其运动强度还要稍高于此标准，再加上人们在进行网球运动时的动作幅度非常大，能够带动全身肌肉，所以经常进行网球运动能够帮助健身者改善体形。此外，网球运动的互动功能还能增强运动的趣味性，帮助增强健身者运动的热情和决心。

4. 改善体态

良好的体态能够展现一个人的精神气质和魅力，人们进行运动的目的之一也是改善自身的体态，而网球运动对于改善体态具有非常有效的作用。对于男性来说，经常进行网球运动能够减少其手臂、背部和腹部的脂肪，使其身姿更加健美挺拔；对于女性来说，经常进行网球运动能够锻炼四肢，使四肢更加紧致修长，还能够使肩部和臀部更加健美，使女生展现出“曲线美”。另外，网球运动的动作大方、优美，而且动作幅度非常大，能够拉伸全身的肌肉，使人形成自然挺拔的身体姿态。

（二）网球运动健身方法

1. 发球

（1）握拍：建议选择大陆式握拍方式。

（2）握球：手里只有一个球的时候，只需要有手指和手掌将球托起即可；手里有两个球的时候，上面的球由大拇指、食指和中指托起，而下面的球则由无名指和小拇指托住。

（3）准备姿势：双脚分开保持和肩膀一样的宽度，身体的重心倾斜在脚掌的前半部分。一只手握住网球拍，另外一只手负责拿球并同时扶稳球拍颈部。

（4）重心向后移动，同时向后拉拍和抛球：随着重心前一后一前移动的同时，两手也同时由下而上沿弧线运动。

（5）盯球：在抛球和击球的同时，要确保视线始终落在球身上，确定球的位置和方向，保证动作不出错。

（6）击球过程：击球时球拍的位置在身体的右前上方，击球过程中的动作顺序为向上—向前—向下三步。击球时需要运动者的身体挺直，手肘部位稍微弯曲，身体的重心放在脚掌的前半部分。

（7）结束动作：球拍将球发出去之后动作不停止，继续下滑完成整个弧形的击球动作，最后在身体的左下方收停动作。

2. 正反手击球

在进行正反手击球技术练习时，可以借助墙壁辅助练习。具体方法是将墙壁划分成大小不同的区域，根据技术水平由弱到强的发展规律逐渐缩小划分区域的范围。还可以同时设置几个位置不同的区域，假设其为不同位置的队友，进行方位变化的练习。这种练习方式能够锻炼反应能力、协调能力和判断能力，提升正反手击球技术水平。

3. 截击球

截击球技术具有距离短、球速快的特点，要求运动者具有非常灵敏的反应速度。健身者在进行截击球技术练习时，可以采用短握拍形式进行，初练时击墙的高度略高，距离放远，同时与反弹球结合进行，让练习者有足够的时间完成动作。练习者还可以进行左右手交换练习或者和同伴结伴练习，以提高练习的趣味性，激发练习的信心和耐心。

四、羽毛球运动健身

（一）羽毛球运动健身功效

羽毛球运动是运动双方隔着球网相互击球对抗的一种球类运动。运动时，参与的双方分成两队，分别站在球场的两边，分别用球拍击打羽毛球，使其在球网两侧来回。己方的球落到对方的场地，或者击打对方发过来的球使其出界，则视为比赛的胜利。羽毛球是一项充满了竞技性质和趣味性的球类运动，在全世界范围内都非常流行。

1. 羽毛球运动的锻炼作用

作为一种运动方式,羽毛球的锻炼性是其基本属性。羽毛球中包含的技术非常丰富,比如前、后场中的快速击球,高球,扣球,抽球等技术。这些技术需要运动者做的动作是不尽相同的,在运用各种动作完成这些技术的时候就能够锻炼到身体的不同部位,带动全身肌肉运动,从而达到全身锻炼的效果。

同时,羽毛球还是一个对抗性的体育运动,运动是以双方进行比赛的形式展开的,所以人们在进行羽毛球运动的时候,除了要进行体能的竞赛,还要进行智慧上的较量。因此,经常进行羽毛球运动还能够锻炼运动智慧,提高反应能力、判断能力、灵活性。

羽毛球运动还有锻炼人的意志力的作用。坚持经常进行体育锻炼是一种非常具有挑战性的事情,人们可能会因为各种心理因素和身体因素出现抗拒锻炼的态度。即使在运动的过程中,人们也可能会因为体力不支等原因想要中途放弃。保持进行羽毛球锻炼的习惯是一件非常需要意志力的事情,如果能够经常进行羽毛球锻炼,就能够在坚持的过程中提高自己的意志力水平,这种意志力最终也能够迁移到其他的生活场景中,对人生产生积极的影响。

2. 羽毛球运动的娱乐作用

羽毛球运动自从问世以来就受到人们的广泛欢迎,在长期的发展过程中,它除了保持自己的运动属性之外,还逐渐成了一种娱乐方式,具备了娱乐属性。羽毛球具有运动难度较低、运动量不大、场地和器材限制少的优点,这使得各种年龄阶段的人们都能够在有限的条件内开展运动,羽毛球也因此被称为“全民运动”。

同时,作为一种以比赛形式进行的运动,羽毛球还具有很强的互动性,人们在你来我往的发球、接球过程中不仅能够切磋技艺,还能够交流感情、培养友谊,增强了羽毛球运动的娱乐属性。

（二）羽毛球运动健身方法

1. 握拍动作

（1）正手握拍

手不能握拍太紧，手掌心和球拍之间保留一定的空间，保证球被打出去之后的运动路径能有一定的弧度变化；食指和中指不能并拢，应该保留大概一个手指的距离，方便发力；拇指和食指负责转动球拍，中指、无名指和小拇指负责发力。

（2）反手握拍

大拇指顶在拍柄的宽面上，其余四指位于下方，撑住球拍，有利于反手发力。

（3）钳式握拍

这种握拍姿势一般被用在网前球中，大拇指和其他手指分开处于手柄的两侧钳住球拍，球拍的头部轻轻向下倾斜。

（4）锤式握拍

锤式握拍的姿势能够为挥拍动作提供充足的力量，一般被用在力量型挥拍动作之前。具体姿势为紧并五根手指，食指指尖位于大拇指下面并与之接触，握紧球拍。

2. 挥拍动作

（1）内旋挥拍

正手挥拍方式，前臂内侧转动。

头顶击球：手腕向外翻动带动球拍做顺时针旋转击球，球拍打正。

正手挑球：前臂向外做好击球准备动作，用力向内旋前臂挥拍。

（2）外旋挥拍

反手挥拍方式，前臂外旋转动，手腕的外伸后带动球拍做逆时针旋转击球。

转身后，腿弓步，肘关节向前向上顶起，抬高肘关节直至最高，球拍从身体的腹部向上挥，下面三指用力，拇指和食指放松。

前臂首先内旋，不要停顿，肘部伸直，前臂反向外旋。

在大力击球时，内外旋手臂混合使用；在反手击球时，外旋前有一个内旋，需要预先使肌肉紧张起来，增大加速过程。

（3）摆臂挥拍

注意事项：

主要用于接发高球。

加速过程尽量要长。

在软击球中（如正手头顶吊球）加速过程并不重要。

3. 步法

（1）并步。

（2）交叉步：包括前交叉步和后交叉步两种。

（3）垫步：一般用作调整步距。

（4）蹬跨步：多用于上网击球，在向后场底线两角移动抽球时也常采用。

4. 击球动作

（1）高手击球

高手击球是指击球点高于头部的一种击球方式，主要包括四种击球技术，分别是高远球、平高球、吊球和杀球。其中，平高球一般被用来控制对方后场底线两角，是比赛中控制与反控制、直接进攻或主动过渡以创造进攻机会的有效手段。

（2）低手击球

低手击球是指击球点低于头部的一种击球方式，主要包括平抽挡球和接杀球两种击球技术。

低手击球被运用在后场时，其中的抽球主要对付对方的长杀，以及对方压底线两角时作为反控制的手段。

低手击球被运用在中场时，重点是速度要快，不仅击球的动作要敏捷利落，还要保证球在空中停留的时间也要短，因此对击球的力度也有一定的要求。

（3）网前击球

网前击球包含的击球技术主要包括搓球、推球、勾球、挑球、扑球、放网前球六种。其中，放网前球往往是运动员没能及时赶到较高位置上击球而被动使用的，但质量高的放网前球（弧线低，贴网坠落）也可以扭转被动局面。

5.跳起动作

（1）双脚起跳杀球

前球的情况下，对方通常会在迫不得已的情况下选择后场，为了从后场接住对方的球，本队的人员一定要快速地退到对方发来的球的后方，双脚起跳向前杀球。注意在落地的时候，要将身体的重心稍微向前倾斜。

（2）半转体起跳杀球脚步

并步过去，跳高一点点，手臂向前伸出，脚步落地后不转体。

羽毛球是一项对动作的技术要求比较高的运动，想要学会羽毛球首先就要了解并掌握其基本姿势和动作。以后场正手击高远球为例，其完整动作过程如图 5-21 所示。

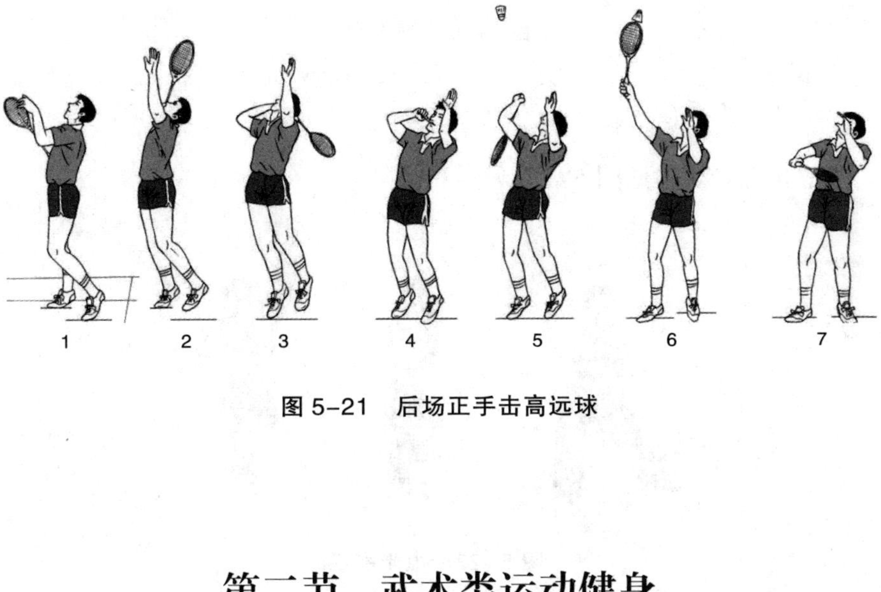

图 5-21　后场正手击高远球

第二节　武术类运动健身

长拳是学校武术类运动的常见项目，本节主要对长拳的健身方法进行分析。

一、预备动作

（一）预备势

预备势动作见图 5-22。

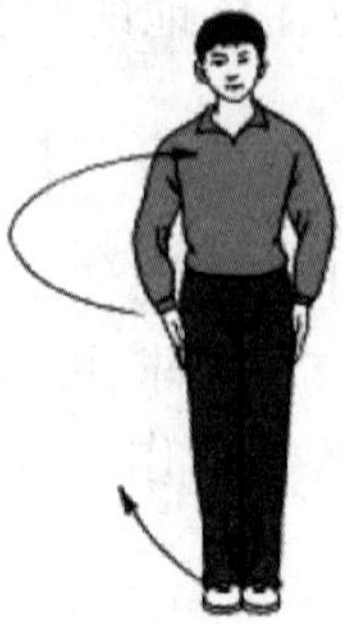

图 5-22　预备势

（二）虚步亮掌

虚步亮掌动作见图 5-23。

图 5-23　虚步亮掌

（三）并步对拳

并步对拳动作见图 5-24。

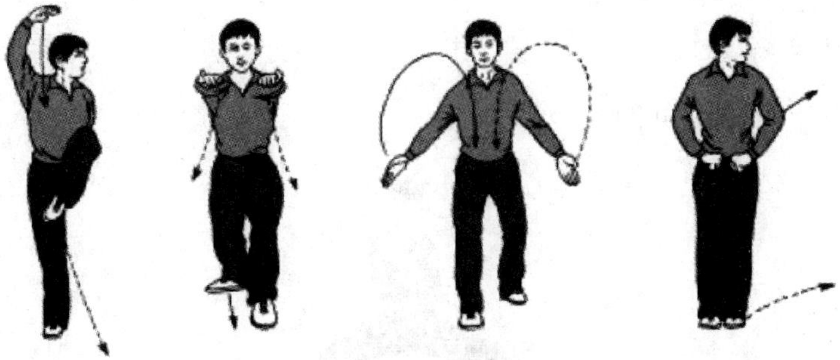

图 5-24　并步对拳

二、第一段

(一)弓步冲拳

弓步冲拳动作见图 5-25。

图 5-25　弓步冲拳

(二)弹腿冲拳

弹腿冲拳动作见图 5-26。

图 5-26　弹腿冲拳

（三）马步冲拳

马步冲拳动作见图 5-27。

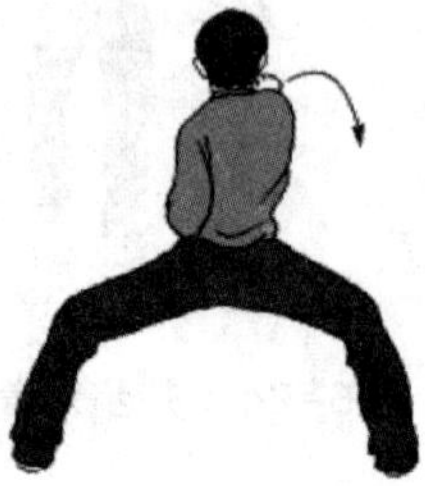

图 5-27　马步冲拳

（四）弓步冲拳

弓步冲拳动作见图 5-28。

图 5-28　弓步冲拳

（五）弹腿冲拳

弹腿冲拳动作见图 5-29。

图 5-29　弹腿冲拳

（六）大跃步前穿

大跃步前穿动作见图 5–30。

图 5–30　大跃步前穿

（七）弓步击掌

弓步击掌动作见图 5–31。

图 5–31　弓步击掌

（八）马步架掌

马步架掌动作见图 5–32。

图 5–32　马步架掌

三、第二段

（一）虚步栽拳

虚步栽拳动作见图 5-33。

图 5-33　虚步栽拳

（二）提膝穿掌

提膝穿掌动作见图 5-34。

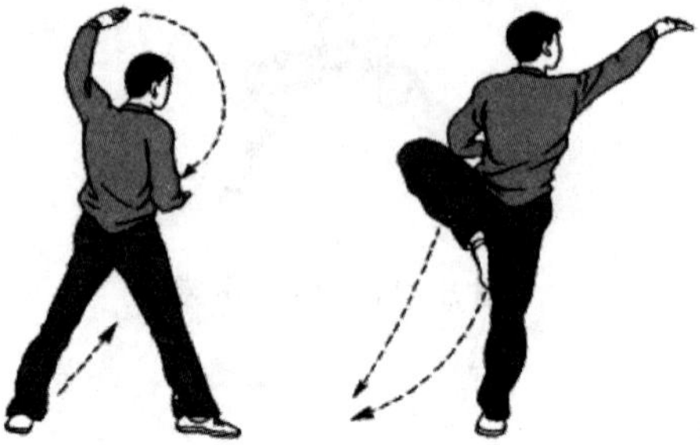

图 5-34　提膝穿掌

（三）仆步穿掌

仆步穿掌动作见图 5-35。

图 5-35　仆步穿掌

（四）虚步挑掌

虚步挑掌动作见图 5-36。

图 5-36　虚步挑掌

（五）马步击掌

马步击掌动作见图 5-37。

图 5-37　马步击掌

（六）叉步双摆掌

叉步双摆掌动作见图 5-38。

图 5-38　叉步双摆掌

（七）弓步击掌

弓步击掌动作见图 5-39。

图 5-39　弓步击掌

（八）转身踢腿马步盘肘

转身踢腿马步盘肘动作见图 5-40。

图 5-40　转身踢腿马步盘肘

四、第三段

（一）歇步抡砸拳

歇步抡砸拳动作见图 5-41。

图 5-41　歇步抡砸拳

（二）仆步亮掌

仆步亮掌动作见图 5-42。

图 5-42　仆步亮掌

（三）弓步劈拳

弓步劈拳动作见图 5-43。

图 5-43　弓步劈拳

（四）换跳步弓步冲拳

换跳步弓步冲拳动作见图 5-44。

图 5-44　换跳步弓步冲拳

（五）马步冲拳

马步冲拳动作见图 5-45。

图 5-45　马步冲拳

（六）弓步下冲拳

弓步下冲拳动作见图 5-46。

图 5-46 弓步下冲拳

（七）叉步亮掌侧踹腿

叉步亮掌侧踹腿动作见图 5-47。

图 5-47　叉步亮掌侧踹腿

（八）虚步挑拳

虚步挑拳动作见图 5-48。

图 5-48　虚步挑拳

五、第四段

（一）弓步顶肘

弓步顶肘动作见图 5-49。

图 5-49　弓步顶肘

（二）转身左拍脚

转身左拍脚动作见图 5-50。

图 5-50　转身左拍脚

（三）右拍脚

右拍脚动作见图 5-51。

图 5-51　右拍脚

（四）腾空飞脚

腾空飞脚动作见图 5-52。

图 5-52 腾空飞脚

（五）歇步下冲拳

歇步下冲拳动作见图 5-53。

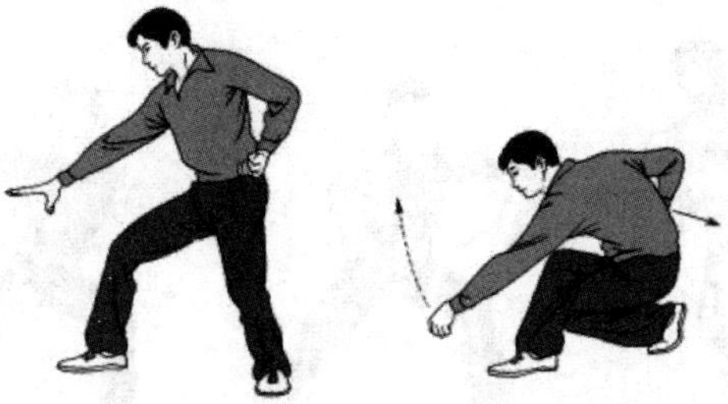

图 5-53　歇步下冲拳

（六）仆步抡劈拳

仆步抡劈拳动作见图 5-54。

图 5-54　仆步抡劈拳

（七）提膝挑掌

提膝挑掌动作见图 5-55。

图 5–55 提膝挑掌

（八）提膝劈掌弓步冲拳

提膝劈掌弓步冲拳动作见图 5–56。

图 5–56 提膝劈掌弓步冲拳

六、结束动作

（一）虚步亮掌

虚步亮掌动作见图 5–57。

图 5–57 虚步亮掌

（二）并步对拳

并步对拳动作见图 5-58。

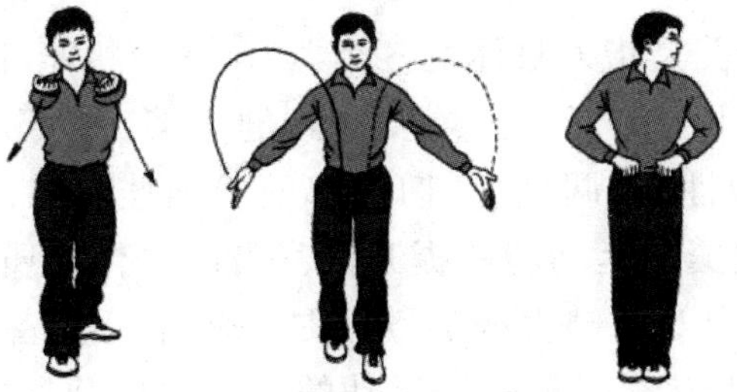

图 5-58　并步对拳

（三）还原

还原动作见图 5-59。

图 5-59　还原

第三节　健美操运动健身

一、健美操运动健身功效

健美操运动是一种非常受欢迎的新型有氧健身运动，它集体操、音乐、舞蹈于一体，非常具有艺术性。近年来，健美操运动凭借着其超强的韵律性和趣味性，受到了众多健身人士的喜爱，成为风靡一时的时尚运动方式。

（一）增强健康美

所谓的健康美是指人身体的各个器官、各项机能都处于最佳的运转状态，人的身体十分健康。人体要达到健康美，需要心肺能力、肌肉力量、平衡性、灵敏性、协调性、柔韧性都处于绝佳状态，并且相互之间协调配合。进行健美操运动能够提升健身者的身体素质，锻炼柔韧性、协调性、力量和耐力等。健美操运动还是一种十分具备活力和动感的运动，健身者还能够在进行健美操运动的过程中提升身体的活力，形成健美标准的体型。经常进行健美操运动对于增强人体的健康美具有重要的作用。

（二）提升审美能力

健美操除了具有增强人体健康的运动锻炼价值，还有非常强的美学价值。健身者进行健美操运动时，能够通过聆听具有强烈节奏感的音乐增强自己的韵律感，还能够通过富有艺术性的动作提升自己的艺术感受能力和欣赏水平。经常进行健美操运动可以培养发现美、认识美、分析美的能力，提升美学水平。

（三）提高注意力水平

经常进行健美操运动能够提升人体的注意力集中水平。健美操运动的强度不算非常大，但是动作的难度却比较高，灵活多变是其基本特征，加上不对称的动作非常多，动作的节奏感又比较强，锻炼过程中注意力稍有不集中就会跟不上动作。经常进行健美操运动能够培养注意力集中的习惯，并且能够将这种好习惯迁移到生活和学习中去，提升注意力水平。

二、健美操运动健身方法

（一）健美操基本动作

1. 头、肩练习

（1）头颈前后屈

身体微微下蹲，上半身挺直，双手叉腰，双脚分开和肩部等同的宽度。头颈做前屈、还原，后屈、还原的动作。

（2）头颈左右侧屈

双脚并拢站立，两臂自然下垂，左脚向左侧跨步，双腿稍下蹲，左臂向左侧平举，掌心向下；右臂垂于体侧，头颈向左侧屈，还原。方向相反，做右侧屈。

（3）双肩提沉

两脚开立，两臂垂于体侧，两腿稍下蹲，肩部下沉，两腿蹬直，重心移向左腿，两肩上提。反方向做同样的动作。

（4）左右转肩

双脚分开站立，双臂在身体的两侧水平举起，手掌朝上，五根手指分开。左边的肩膀向下压，右侧的肩膀向前翻转。右臂随右肩向前转动，同时向左顶髋，右膝稍屈内扣。同样的动作反方向重复。

（5）肩部绕动

两脚开立，两臂下垂，重心移向左腿，左肩下沉向前、向上、向后绕动一周，右肩放松下沉。方向相反，重复进行一次，再两肩同时下沉后，向后、向上、向前绕动一周。

2. 上肢练习

（1）摆臂屈肘

两只脚分开站立，两只手自然握成拳头状垂放在身体的两侧，两腿成屈肘状向前伸，双臂向前摆动，达到水平位置后手臂上半部分保持水平状不动，然后屈肘使小臂面向身体的方向，拳心后转。大臂保持水平部位，两腿屈伸一次，两臂伸直下落经体侧，向侧举至水平部位屈肘，大臂保持水平状，拳心相对。

(2)举臂合胸

两肩尽量向前运动,两腿伸直,两手手心向上,两臂向侧水平打开尽量向后运动,胸部向前挺出。

(3)开臂展胸

两脚开立,两臂下垂,两腿稍屈下蹲,两臂由下经体侧举至水平,向前合并(手臂向前)至手腕相靠,低头合胸。

(4)侧移胸部

两脚开立,两臂下垂,左臂向侧平举,五指张开,掌心向前,胸部尽量向侧移动,腿髋固定。还原,方向相反,重复进行。

3. 下肢练习

(1)滚动步

两脚合并站立,两手叉腰。第一个节拍时,抬起左脚踵,膝盖部位关节稍微弯曲并且成内扣状,身体的重量由右腿承担。同样的动作换方向再次重复。

(2)屈伸步

两脚合并站立,两手叉腰。第一个节拍时,左腿屈膝抬起,同时右腿稍下蹲。当左脚向前伸直前掌触地时,右腿同时伸直。第二个节拍时,左腿抬起稍屈膝收回,全脚落地与右脚并立,与此同时右腿屈伸一次。第三、第四个节拍重复第一、第二个节拍的动作。第五、第六个节拍时,左脚向左侧做屈伸步,第七、第八个节拍时,右脚向右侧做屈伸步。

(3)跑跳

第一个节拍时,右脚站在原地轻轻上跳,左腿配合右脚上跳的动作,膝盖弯曲并轻抬。第二个节拍时换方向重复第一个节拍的动作。

(4)跳踢腿

第一个节拍时,右腿在原地轻轻上跳,左腿膝盖伸直向前上方进行大踢腿的动作,脚的高度要超过肩膀。第二个节拍时,右腿在原地重复轻跳一次,同时高高举起的左腿放下。第三、第四个节拍做第一、第二个节拍的动作,第五至第八个节拍换方向重复前四个节拍的动作。

(二)健美操套路动作

下面以全国健美操大众锻炼标准第三套健美操二级套路练习为例,讲解健美操的套路动作练习。受篇幅所限,这里主要阐述两个套路组合练习。

1. 健美操套路动作组合一

(1)第一个八拍(图 5-60)

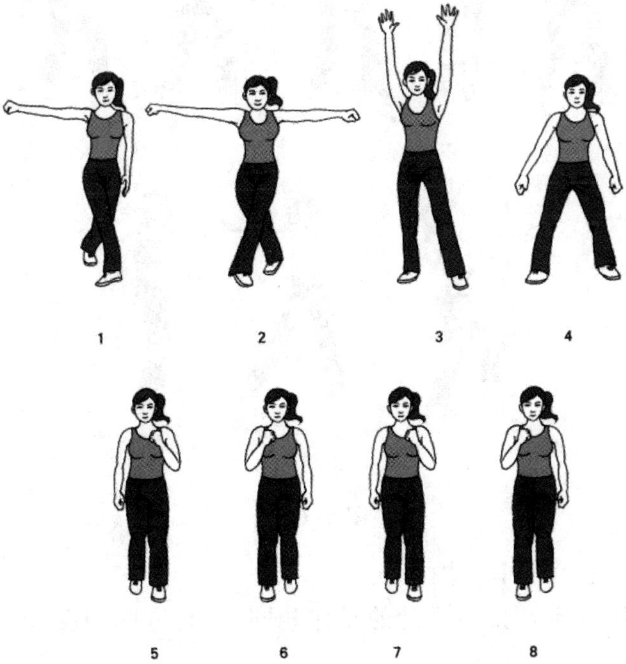

图 5-60

(2)第二个八拍

动作与第一个八拍相同,但是向前走 4 步。

(3)第三个八拍(图 5-61)

图 5-61

(4)第四个八拍(图 5-62)

图 5-62

(5)第五至第八个八拍

第五至第八个八拍与之前的动作相同,只是方向相反。

2. 健美操套路动作组合二

(1)第一个八拍(图 5-63)

图 5-63

（2）第二个八拍（图 5-64）

图 5-64

（3）第三个八拍（图 5-65）

图 5-65

（4）第四个八拍（图 5–66）

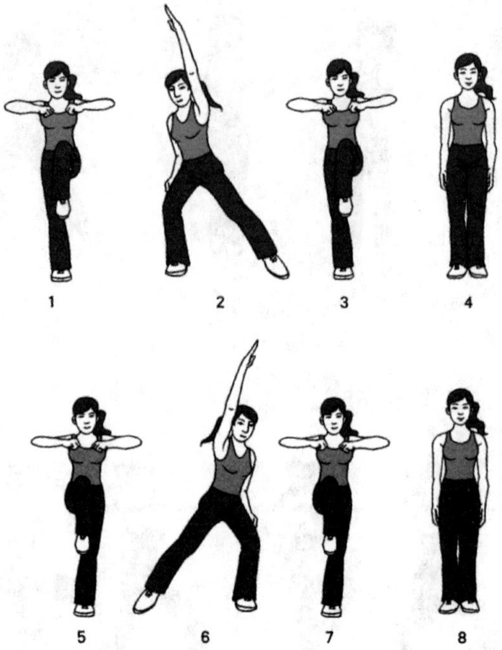

图 5–66

（5）第五至第八个八拍

第五至第八个八拍与之前的动作相同，只是方向相反。

第六章　社区体育常见健身项目与方法

在社区中，通过参与体育运动进行健身，常见的有运用社区体育健身器械进行健身，运用健身跑道进行健身走与健身跑，还有一些传统体育项目健身。本章对这些社区体育常见健身项目与方法进行研究。

第一节　社区体育健身路径

一、上肢牵引器

（一）上肢牵引器的基本构造

上肢牵引器的构造部件主要有立杆、挑杆、滑轮和牵引绳索等部分（图 6-1）。

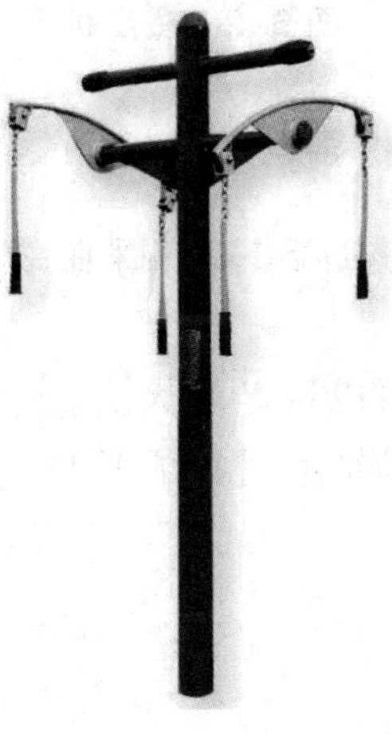

图 6-1　上肢牵引器

（二）上肢牵引器健身方法指导

健身方法：双手握住手柄，两手上下交替做屈伸运动。

负荷控制：每组 1—2 分钟，2—3 组，组间间隔 30—60 秒。

指导重点：重心置于两腿之间，两臂用力要成对抗性，并且保持均衡性，手臂在屈伸时要有所控制。

二、漫步机

（一）漫步机的基本构造

漫步机的构造部件主要有底座、斜型支撑、把杆、悬臂及踏板（图 6–2）。

图 6–2 漫步机

（二）漫步机健身方法指导

健身方法：在双手的辅助下，双脚踩在踏板上，自然站立。双脚前、后交替用力迈步。

负荷控制：活动幅度可以逐渐增大。

指导重点：以髋关节为轴心进行顺其自然的协调运动。

三、健骑机

(一)健骑机的基本构造

健骑机构造部件主要有底座、座鞍、脚蹬及把手等(图 6–3)。

图 6–3　健骑机

(二)健骑机健身方法指导

健身方法:双手正握把手,坐于器械上,双脚踏住脚蹬,挺胸立腰。双腿向下用力蹬伸的同时双臂用力将把手拉至腹前,然后腿、臂放松,使健骑机回到初始位置。

负荷控制:每组 20—25 次,2—3 组。

指导重点:握紧把手,有控制地使上下肢协调用力。

四、斜躺健身车

(一)斜躺健身车的基本构造

斜躺健身车的构造部件主要有座椅、转轮、脚蹬、把手、靠背等(图 6–4)。

图 6-4 斜躺健身车

（二）斜躺健身车健身方法指导

健身方法：坐靠于座板上，上体靠住背板，双手握住扶手，双脚踩踏板。然后进行骑自行车一样的运动。

负荷控制：每组 2—3 分钟，1—2 组。

指导重点：腰腹发力，蹬伸运动要匀速。

五、双柱四位蹬力器

（一）双柱四位蹬力器的基本构造

双柱四位蹬力器的构造部件主要有座椅、把手、挡板等（图 6-5）。

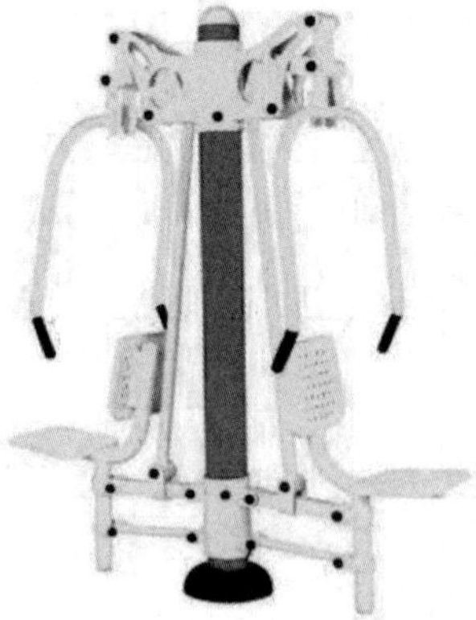

图 6-5 双柱四位蹬力器

（二）双柱四位蹬力器健身方法指导

健身方法：坐于座板上，背部靠实，双腿弯曲，双脚蹬住踏板。双腿做大幅度、较慢节奏的蹬伸练习，两拍一次。

负荷控制：每组 30—60 次，1—2 组。

指导重点：下肢的屈伸动作要保证幅度大、节奏慢，双腿在伸直时可以有适当弯曲。

六、仰卧起坐器

（一）仰卧起坐器的基本构造

仰卧起坐器的构造部件主要有支架、挡管、腹肌架（图 6–6）。

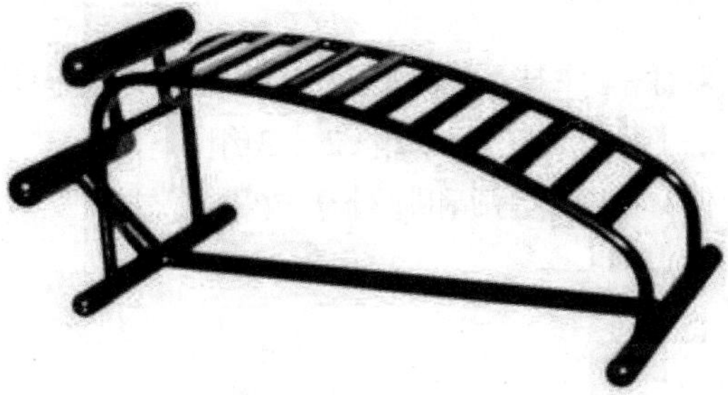

图 6–6　仰卧起坐器

（二）仰卧起坐器健身方法指导

健身方法：坐于器械上，双脚勾住挡管，躺在器械上进行仰卧起坐锻炼。

负荷控制：每组 10—15 个，2—3 组。

指导重点：腰腹发力，上体在抬起和躺下时要有所控制地进行。

七、伸背器

（一）伸背器的基本构造

伸背器的构造部件主要有立柱、扶手环、圆柱形曲面等（图 6–7）。

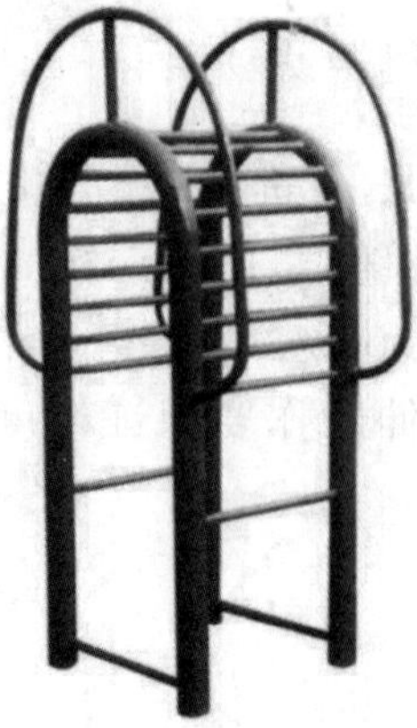

图 6–7　伸背器

（二）伸背器健身方法指导

健身方法：双手握住扶手管，躯干依托器械弧度向后充分伸展。
负荷控制：2—4 个 8 拍为 1 组，2—3 组。
指导重点：伸展时要使颈和腿处于放松状态。

八、转腰器

（一）转腰器的基本构造

转腰器的构造部件主要有底座、底盘、转盘、立柱和把手（图 6–8）。

图 6–8　转腰器

（二）转腰器健身方法指导

健身方法：双手扶住把手，站于转盘中央，保持均衡。上体不动，髋部和腰部用力，身体左右转动。

负荷控制：每组 2—3 分钟，2—3 组。

指导重点：全身只有在髋和腰的带动下进行身体转动，同时，要保证速度均匀且缓慢。

九、天梯

（一）天梯的基本构造

天梯的构造部件主要有立柱、支架、横杠等（图 6-9）。

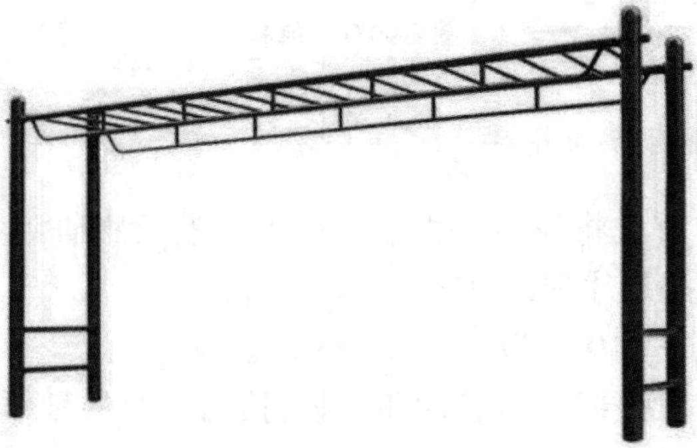

图 6-9　天梯

（二）天梯健身方法指导

健身方法：首先做好准备姿势（双手悬垂于天梯横杠上）。然后通过两腿屈膝、收腹，大腿抬起至水平以上位置，反复多次练习。

负荷控制：15—20 次为一组，1—2 组。

指导重点：注意要肩臂用力，提膝、收腹、抬腿要一气呵成，具有良好的连贯性。

十、单杠

（一）单杠的基本构造

单杠的构造部件主要有支架和把手（图 6-10）。

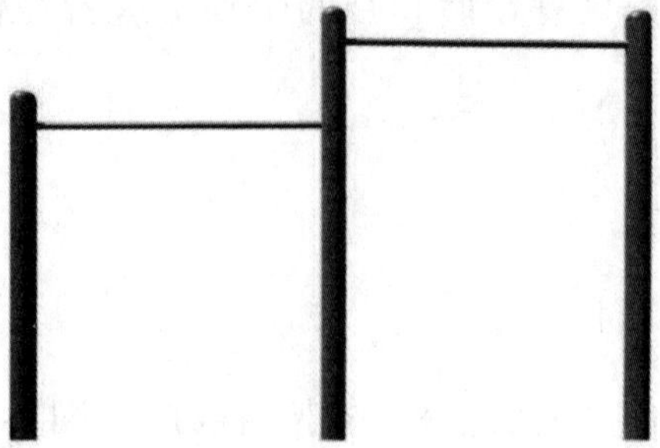

图 6-10　单杠

（二）单杠健身方法指导

健身方法：首先将身体悬垂于单杠上。然后腹肌用力，双腿缓慢抬起至水平位置，控制片刻，还原。

负荷控制：5—10 个为一组，2—3 组。

指导重点：发力部位为肩背和腰腹，抬腿时要尽量伸直脚背、膝盖。

十一、双杠

（一）双杠的基本构造

双杠的构造部件主要有四个支架和两个把手（图 6-11）。

图 6-11　双杠

（二）双杠健身方法指导

健身方法：站在杠端的两杠之间，双手握杠，跳起成杠上支撑。两手交替向前支撑，带动身体向前移动。

负荷控制：2—3 次往返行进。

指导重点：直臂支撑，顶肩、重心稍左右移动。

十二、划船器

（一）划船器的基本构造

划船器的构造部件主要有固定坐垫、脚蹬、桨把，以及阻力构件等（图 6–12）。

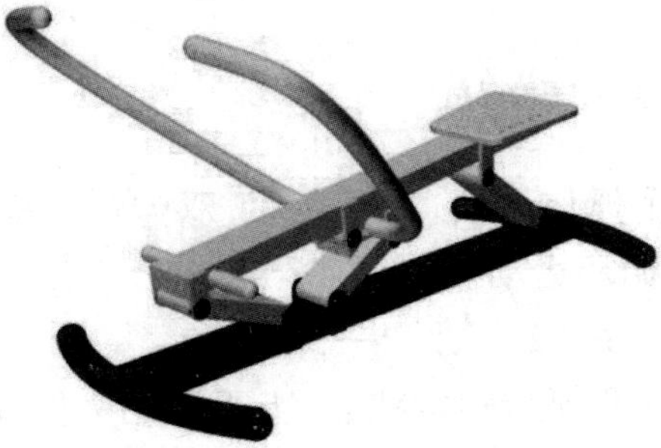

图 6–12　划船器

（二）划船器健身方法指导

健身方法：坐于座板中部，手握扶手，脚踩踏板。手臂与双腿配合用力，做有控制的屈伸运动。

负荷控制：每组 1—2 分钟，2—3 组。

指导重点：手臂主动用力，屈伸幅度小、节奏较快。

十三、椭圆机

（一）椭圆机的基本构造

椭圆机也被称为“滑雪器”，其构造部件主要有支架、脚踏板和扶手

(图 6-13)。

图 6-13　椭圆机

(二)椭圆机健身方法指导

健身方法:双手抓住手柄,双臂微屈,双脚踏在踏板上,身体保持稳定。上下肢配合做循环运动。

负荷控制:每组 1—2 分钟,2—3 组。

指导重点:身体要保持稳定状态,上下肢用力要配合协调。

第二节　健身跑道——健身走与健身跑

一、健身走

(一)健身走的定义

健身走运动是一项以步行为主要运动方式的有氧运动,对促进人的身心健康具有积极意义的一种运动方式。健身走的优势是这种运动没有技术难度,且强度温和,因此对于运动者的年龄、性别、体力、运动环境等都没有具体的要求,是一项适合绝大多数人的健身运动方式。健身走的速度明显小于跑步,又大于散步,因此,可以达到运动全身的效果,同时又不会过度疲劳。

相对于散步而言，健身走运动的健身效果更加明显、高效；而相对于跑步，健身走运动的运动强度较小，适用范围更广，运动更加安全。因此，健身走运动一项老少皆宜的群众健身项目。并且它不受时间和场地的限制，在任何时间、任何地点都能够轻松实现健身的目的。

（二）健身走的几种运动姿势

1. 大步走

大步走的走法要求动作的开合程度要大，双臂大幅度摆动，双腿大跨步。大步走能够带动全身大部分肌肉参与运动锻炼，能够很大程度地促进血液循环，提高新陈代谢水平。

2. “十点十分”健身走

“十点十分”的走法就是将双臂抬高至时针在十点十分时呈现的角度，手臂保持这个姿势进行健身走。“十点十分”的走法能够很好地锻炼肩颈部位的肌肉，维持颈椎健康。

3. 进行有节奏的呼吸

健身走过程中应该增加深呼吸的次数，并且使呼吸的节奏和动作相配合。循环往复的呼吸可以加快氧气和肺泡间的红细胞和二氧化碳的交换速率，使全身处于充氧状态，为身体提供充足的氧气。

4. 扭动走法

健身走的过程中可以边扭动身体边向前走，这样做能够锻炼身体腰部和颈部的关节，提升身体的灵活性，扭动身体还能起到按摩身体器官的作用，有利于预防肠胃疾病。

5. 高抬腿走法

高抬腿走法要求在健身走的过程中刻意抬高大腿，这种走法能够很好地锻炼髋腰肌力量。

6. 弹跳走

弹跳走是在健身走的过程中，在一定的距离上，进行前脚掌用力蹬地，使步伐具有弹跳感的行走锻炼方法。旨在强化足部肌肉的弹性，保证足部的健康，延缓脚弓的退化。

7. 倒着走

倒着走也是健身走一种常见的走法，但是倒着走的时候一定要选择安全的场地，保证不对自己或者他人造成伤害。倒着走能够锻炼人体腰部和腿部的肌肉，还可以锻炼人的身体平衡能力。

8. 专注走法

在健身走时保持专注的注意力能够锻炼人的神经系统调节能力，可以有效降低小脑萎缩的风险。

（三）健身走的运动标准

健身走运动和其他的运动一样，需要按照科学的标准进行，根据运动的速度和运动者的年龄，我们提供了两套健身走运动标准，供大家根据自己的体质情况进行选择，见表 6-1、6-2。

表 6-1　根据运动速度制定的健身走运动标准①

种类	步频（步 / 每分钟）	运动时间（分钟）	运动距离（千米）	建议心率（次 / 每分钟）
慢步走	70—90	30—60	3—4	110—120
中速走	90—120	30—60	3—5	120—140
快速走	120—140	30—60	3—6	＜安静心率 ×2 －年龄
疾速走	140 以上	30—60	3—8	＜安静心率 ×2 －年龄

① 翟兆峰，翟连林，韩露．健步走——全民健身的最佳运动 [J]. 体育科技文献通报，2020，28（12）：43+51.

表 6-2　根据运动者年龄制定的健身走运动标准①

性别	年龄组(岁)	运动距离(千米)	完成时间(分钟)
男子	20—29	3	22
	30—39	3	22
	40—49	2.5	20
	50—54	2.5	23
	55—59	2	23
	60—65	2	24
女子	20—29	3	23
	30—39	3	23
	40—49	2.5	23
	50—54	2.5	25
	55—59	2	23
	60—65	2	25

（四）健身走注意事项

1. 对自己的身体条件进行科学的评估

在进行健身走运动之前要先对自己的身体素质进行一个科学的评估，有心血管疾病的人群尤其要注意这一点，可以先到医院做一个全面的身体检查，然后再向医生咨询自己是否适合进行健身走运动以及应该保持怎样的运动负荷。因为健身走运动而造成身体不适时，应该及时调整运动的负荷或者停止健身走。

2. 循序渐进

对于运动基础比较弱的新手来说，参加健身走运动要遵循循序渐进的规律，切忌一上来就进行大负荷的运动。应该先保持在较小运动量和运动强度，等到身体完全适应一种运动负荷之后，再逐步增加运动量和运动强度。

3. 其他注意事项

每次健身走运动后，不宜马上休息，不宜暴饮止渴，不宜立即洗澡，不宜大量补糖，不宜喝酒解乏。健身走运动结束后，一般应半小时后进

① 翟兆峰，翟连林，韩露．健步走——全民健身的最佳运动[J]．体育科技文献通报，2020，28（12）：43+51.

餐为宜，以碱性食物为宜。

二、健身跑

（一）健身跑的定义

健身跑又称“慢跑”，是指采用较长时间、较慢速度、较长距离的有氧跑步方法。健身跑技术简单、容易掌握，而且不受年龄、场地和器材的限制，因此成为我国一项比较普遍的大众体育活动项目，它还被冠以“有氧代谢运动之王”的称号。健身跑一般分为几种类型，虽然形式略有不同，但是都属于健身跑的范畴。常见的有以下几种。

1. 慢速放松跑

慢速放松跑是指以较慢的速度在比较放松的状态下进行跑步健身活动。慢速放松跑也是最为常见的群众运动项目，因为它方法简单，具有较高的普适性，对于大多数健身人群都十分适合。慢速放松跑的特点如下：

（1）顾名思义，慢速放松跑的主要特点是速度较慢，运动强度较低，并且对速度不作具体的要求，运动者可以根据自身的条件和运动目标选择最适合的速度和强度进行锻炼。因此，同样进行慢速健身跑的老年人和年轻人，他们的跑步速度可能相差很多，这都属于正常的情况。

（2）运动中要控制在适当的心血管负荷，目的是保持运动处于有氧代谢状态，达到有氧代谢的目的。具体的做法是通过控制心率来控制代谢情况，最简单的方法是用 180 减去自己的年龄。例如，运动者为 40 岁时，心率应该保持在 140 次 / 分钟上下。

（3）尽管慢速健身跑是一种不作严格要求的锻炼方式，但是如果想要获得较为理想的运动效果，有一些关键点需要注意。比如要保持运动的节奏，包括摆臂节奏、步伐节奏、呼吸节奏以及它们之间的配合。特别是呼吸的顺畅和稳定非常重要，只有这样才能使心血管系统得到持续的刺激和锻炼。另外，步伐和摆臂要积极用力，不要拖沓。通过保持长时间有节奏的慢跑运动，可以很好地提高机体的有氧代谢水平，从而增强心肺功能，提高免疫力等，达到体育健身的目的。

2. 原地跑

原地跑是指遇到特殊情况而不得不在室内进行跑步锻炼的一种跑步方式。比如遇到下雨、下雪、大风等特殊天气，或者是在新冠疫情严重的时期，由于不适合进行室外锻炼，那么可以在室内做原地跑锻炼。原地跑的方式与慢速健身跑类似，跑速速度和运动时间根据自身的情况调节，可长可短，可快可慢。但是在进行室内原地跑的时候要注意开窗通风，避免缺氧。另外，如果是老年人在家进行原地跑运动，那么要注意以下三个方面：

第一，要清理出一段相对宽敞的空间，避免老人被杂物碰到或者绊倒。如果室内空间十分有限，那么不建议做原地跑，因为在狭小的空间内往返跑步容易造成眩晕，从而导致摔倒等意外情况的发生。

第二，如果室内的地面是地板砖或其他较硬较滑的材质，谨慎锻炼，避免摔伤。

第三，家中需要有他人陪护，这完全取决于自身的需求，可以根据跑步的速度专门挑选最合拍的音乐，在音乐声伴奏下进行锻炼，但是一定要保持室内通风。原地跑的速度也可逐渐加快，动作也可逐渐加大，如采用高抬腿跑、后踢腿跑等，以便逐渐增加运动强度和运动量，充分发挥有氧健身跑的健身效果。

3. 走跑交替

走跑交替是指以走路和跑步交替进行的运动方式。即快走和慢跑相结合，慢跑一阵，快走一阵，这种方式适合体质较弱的健身者。采用走跑交替进行锻炼的好处，是将调节运动强度的幅度加大，在“走路”和“跑步”之间进行选择和适应。但是同时需要注意，健身者应该对运动强度的判断和控制有较强的能力。不然如果快走的时间过长，而跑步的时间过短，且低于自身可以承受的符合，那么起到的健身效果则十分有限。经过长期坚持，此方法可以不断地提高和改善心血管机能，并且对速度力量的提高也大有帮助。

4. 定时跑

定时跑有两种形式，一种是指规定跑步时间，不要求跑步距离；另一种对跑步时间和距离都有要求。第一种方式适合用于改善心血管系统,提高有氧代谢能力。比如运动者的目标是每次跑步都要坚持 40 分钟,速度可以根据当时的身体情况灵活调节,可快可慢。第二种方式有助于提高心肺功能。比如设置一个 16 分钟跑完 3000 米的目标。

(二)健身跑的相关技术

1. 基本姿势

健身跑运动是一个比较缓和的运动,在健身跑时要保持身体的放松,使身体在自然的状态下舒展。健身跑的步伐迈动频率不必过快,迈动的幅度也不必过大,脚掌落地时的力度要比较柔和,先是整个脚掌落地,而后转为以前脚掌支撑。

2. 呼吸

呼吸是影响健身跑效果的重要因素,掌握科学的呼吸技术对于减少健身跑运动的难度,获得良好的锻炼效果具有非常重要的意义。人们在进行健身跑运动时,身体需要多于平时的氧气供应,因此健身跑时的呼吸频率应该加快,也要多进行深呼吸。其中,深呼吸除了能提供更多的氧气之外,还能够起到调节呼吸节奏的作用,在呼吸紊乱时可以适当进行深呼吸加以调节。一般建议人们在进行建设跑运动时,采取两步一呼、两步一吸或者三步一呼、三步一吸的方式进行呼吸。

3. 基本动作

(1)头部动作

进行健身跑运动时,头部要保持挺直的动作,目光平行于地面,尽量不要仰头或者低头。这样做是因为头部本来就具有一定的重量,跑步者保持头部平衡时头部的重量由脚掌支撑,不会对身体造成压力;但是如果仰头或者低头,头部的力量就需要由脊椎支撑,容易对脊椎造成伤害。

(2)肩部动作

健身跑运动中肩膀紧缩的问题是一个非常值得人们注意的问题。在健身跑时,应该主动调整肩膀的姿势,使其保持放松,并且保证牵缩肌和牵引肌之间处于平衡状态。同时,还要注意手部动作,使手掌自然握成半拳状而不能紧握成拳头。

（3）上身动作

进行健身跑运动时，上半身要尽量保持自然挺拔的状态，头部和上身需要处在同一水平线上，身体可以根据上坡或者下坡的需要稍微进行倾斜调整。切记身体不能有较大幅度的前倾或者后仰，前倾幅度过大容易导致步长过短或者背部肌肉负担过重；后仰幅度过大容易导致腹部肌肉过于紧张，增加跑步的难度。

（4）臂部动作

健身跑运动过程中利用双臂的摆动来维持身体的平衡，其正确姿势为：以肩部为轴，双臂前后摆动，注意向前摆动时，双臂应该稍微向身体内侧收缩，向后摆动时，双臂应该稍微向身体外侧外张。双臂的摆动频率还会影响跑步速度的快慢，摆臂的频率越高则跑步的速度越快，摆臂的频率越低则跑步速度越慢。

（5）腿部动作

健身跑运动中，先要向前迈动小腿，但是要注意小腿是由大腿肌肉发力带动前进的。小腿向前伸的时候，支撑腿部的各个关节要随之伸直。大腿摆动的时候，小腿要保持放松和自然下垂。大腿在向前抬出时，不要拖得时间太长，应该快速地下压，小腿应该做前摆动作。

（6）落地动作

健身跑时的标准落地动作是先用前脚掌接触地面，然后再将整个脚掌置于地面。这样做的目的是减少身体落地时产生的冲击力给人带来的伤害，同时也为下一次后蹬前进创造了条件。

（三）健身跑注意事项

1. 跑步之前进行热身准备

运动之前进行适量的热身运动能够给身体一个缓冲的时间，防止身体因为突然进入到比较激烈的运动状态而受到伤害。身体在处于非运动状态时，肌肉、关节都在“休眠”，血液循环的速度也相对较慢，如果没有过渡直接使身体开始比较激烈的运动，很容易造成关节磨损、肌肉拉伤、心脏负担过重的情况，伤害身体健康。因此，运动之前的热身准备必不可少，正确的做法是先进行慢走，等身体适应之后再进行一些伸展活动和拉伸活动，放松身体的肌肉，活动全身的关节，使身体做好运动准备。

2. 选择合适的运动环境

健身跑运动虽然对场地的限制比较少，但是为了自身的健康，还是需要选择合适的环境进行运动。尽量避免在空气污染比较严重的时候进行室外健身跑，因为空气中的污染物会被吸入体内，对人的呼吸系统造成损害，同理过于严寒的天气和雨雪天气也尽量不要在室外健身跑。选择健身跑场地时注意选择不允许车辆通行的公园或者比较宽敞人行道，注意交通安全。

3. 一些其他注意事项

进行健身跑运动之前不能大量进食，尤其是饭后不能立刻开始健身跑运动，这样容易使肠胃负担过重，引起胃痉挛、胃下垂等疾病；健身跑运动之后不能立刻开始休息，和开跑之前的热身运动一样，结束跑步后身体也需要一定的缓冲时间，可以放慢速度开始慢走，再进行一些拉伸活动之后再开始休息；开始健身跑运动也是一个循序渐进的过程，要遵循从慢到快，从短距离到长距离，从短时间到长时间的渐进过程，不可心急伤身。

第三节　传统体育项目健身

一、毽子健身

（一）毽子健身功效

1. 提高关节的灵活性

盘踢、绕踢、拐踢是几种常见的毽子踢法，采用这些踢法时，充分带动下肢肌肉，髋关节、膝关节、踝关节积极参与活动，而且不管用脚内侧踢球还是脚外侧踢球，都需要这些关节灵活而协调地活动才能更好地控制球，这就大大提高了关节的灵活性。

2. 改善心肺功能

踢毽子有利于提高肺活量，促进血液循环，促进心血管系统和呼吸系统功能的改善，并对新陈代谢及消化吸收有帮助。

3. 防治疾病

在踢毽子的过程中，各关节有节奏地在适宜范围内屈伸，肌肉张弛有度，肌肉和关节充分活动，从而有效锻炼了肌肉和关节的功能，使肌肉更有力量，关节更稳定灵活，这对于腰椎、颈椎等疾病的预防及治疗具有重要功效。

（二）毽子健身方法

1. 发毽

以正面脚背发为例。具体动作见图 6-14。

图 6-14　发毽

2. 传接

毽子的传接包括膝盖传接、肩部传接、胸部传接和头部传接。膝盖传接见图 6-15，肩部传接见图 6-16，胸部传接见图 6-17，头部传接见图 6-18。

图 6-15　膝盖传接

图 6-16　肩部传接

图 6-17　胸部传接

图 6-18　头部传接

3. 攻毽

以里合脚背倒勾攻球为例。背对球网，微屈膝，判断二传来球，调整身体姿势。充分助跑起跳，手臂和下肢协调有力地摆动，做好准备。起跳腾空后，摆动腿膝关节外展，向左转体，击球腿由外向内里合摆腿。击球时，膝关节迅速发力，踝关节勾踢球。击球后摆动腿先落地。

（三）毽子健身方案

1. 基本内容

毽子健身中，练习内容包括各种踢法，如盘踢、拐踢等。用各种踢法练习毽子技术，可以提高踢球技术的熟练性和技巧性。

在毽子锻炼中，可以单人锻炼，也可以小组锻炼，或者组织踢毽子游戏或比赛，通过游戏练习和比赛练习来调动积极性。

毽子健身中比较合理的运动负荷是心率每分钟不超过 110 次，可以每天都进行踢毽子练习，锻炼时间因人而异，利用10分钟的课间时间也可以踢毽子。

2. 注意事项

（1）做好准备活动

练习一：两脚并立，身体弯腰前俯，双手扶在膝关节处，屈膝，臀部向脚跟靠近，然后还原，重复多次。

练习二：两脚并立，身体弯腰前俯，双手扶在膝关节处，屈膝，稍抬脚跟，两腿顺时针旋转10次左右，再逆时针重复。

（2）科学锻炼

要循序渐进地参与毽子锻炼活动，根据自己的情况合理安排锻炼时间和方法，逐步增加运动量，由易到难掌握各种踢法。

（3）选择适宜场地

尽可能在平坦的场地踢毽子，活动前先检查场地上是否有玻璃碴子、碎石子等障碍物，以免伤到脚。

二、太极拳

（一）起势

左腿向左移动一步，两臂平行向前举，双膝稍屈按掌（图6-19）。

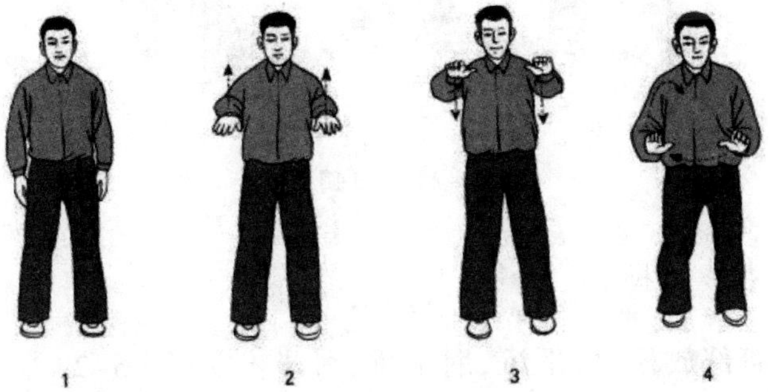

图6-19　起势

（二）左右野马分鬃

抱手收脚，转体迈步，弓步分手；转体撤脚，抱手收脚，转体迈步，弓步分手（图6-20）。

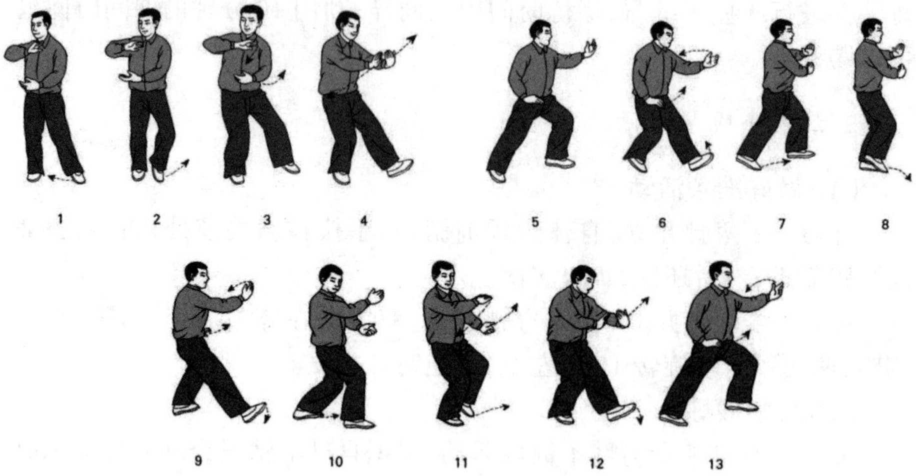

图 6-20　左右野马分鬃

（三）白鹤亮翅

跟步抱手，臀部后坐同时转上体，虚步分手（图 6-21）。

图 6-21　白鹤亮翅

（四）左右搂膝拗步

腰部与胯部放松，肩下沉，肘下垂，弓步推掌（图 6-22）。

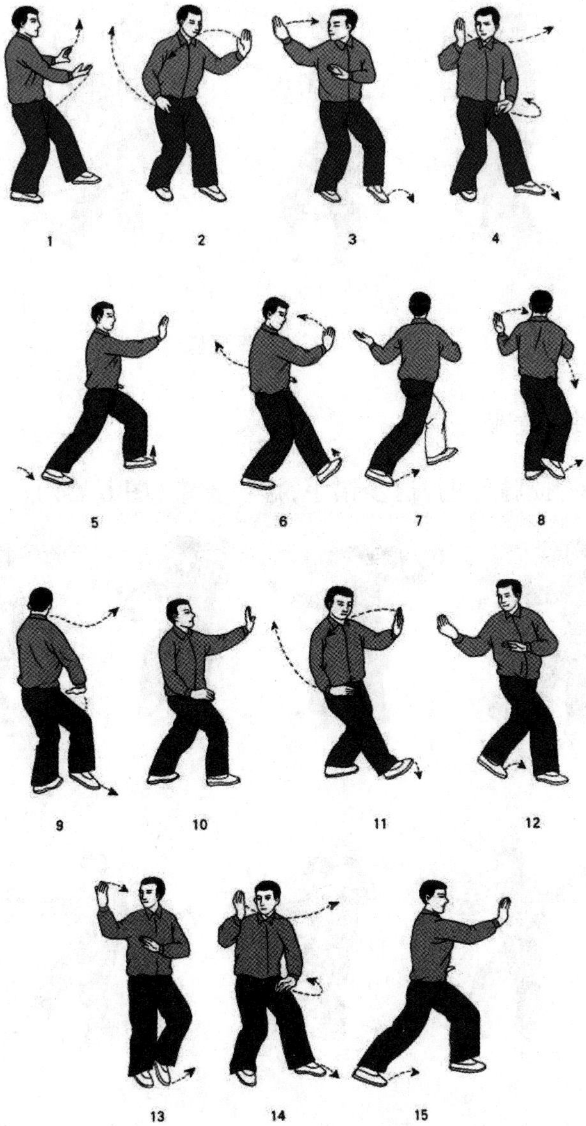

图 6-22　左右搂膝拗步

（五）手挥琵琶

跟步展臂，身体后坐挑掌，虚步送手（图 6-23）。

1 2 3

图 6-23 手挥琵琶

（六）左右倒卷肱

转体撤手，提膝屈肘，退步错手，虚步推掌（图 6-24）。

1 2 3 4 5 6 7 8 9 10

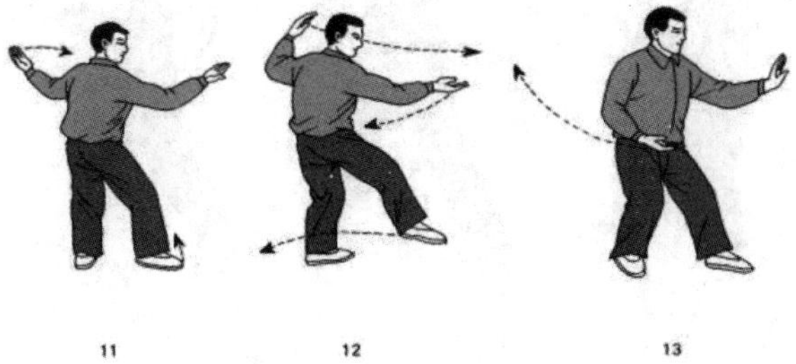

图 6–24　左右倒卷肱

（七）左揽雀尾

转体撤手，抱手收脚，迈步分手，弓步掤臂，转体摆臂，转体后捋，转体搭手，弓步前挤，后坐收掌，弓步前按（图 6–25）。

8　　9　　10

11　　12　　13

图 6-25　左揽雀尾

（八）右揽雀尾

转体撤手，抱手收脚，迈步分手，弓步拥臂，转体摆臂，转体后捋，转体搭手，弓步前挤，后坐收掌，弓步前按（图 6-26）。

1　　2　　3　　4

图 6-26　右揽雀尾

（九）单鞭（1）

转体摆臂，勾手收脚，转体迈步，弓步推掌（图 6-27）。

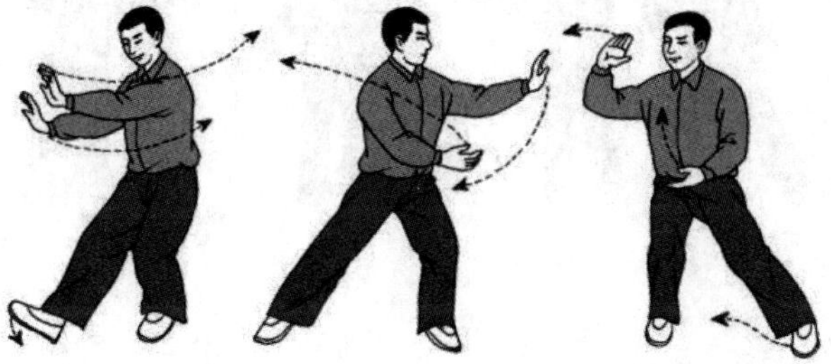

图 6-27　单鞭(1)

(十)云手

转体扣脚,转体松勾,收步云手,开步云手(图 6-28)。

图 6-28　云手

（十一）单鞭（2）

转体勾手，转体迈步，弓步推掌（图 6-29）。

图 6-29　单鞭（2）

（十二）高探马

跟步松手，身体后坐并翻手（图 6-30）。

图 6-30　高探马

（十三）右蹬脚

穿掌提脚，迈步翻手，分手弓腿，跟步合抱，提膝分手，分手蹬脚（图 6-31）。

图 6-31　右蹬脚

（十四）双峰贯耳

屈膝落手，迈步分手，弓步贯拳（图 6-32）。

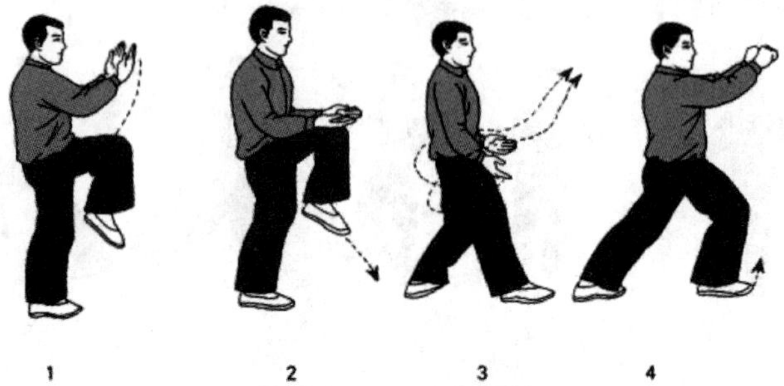

图 6-32　双峰贯耳

（十五）转身左蹬脚

转体分手，收脚合抱，提膝分手，分手蹬脚（图 6-33）。

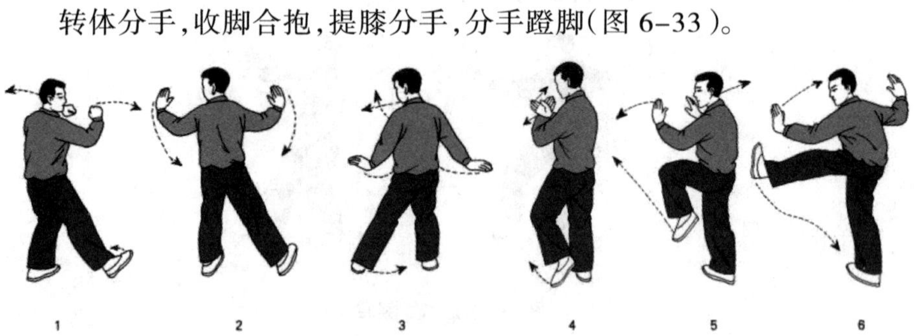

图 6-33　转身左蹬脚

（十六）左下势独立

收脚勾手，屈膝下蹲成开步，仆步穿掌，弓腿起身，独立挑掌（图6-34）。

图 6-34　左下势独立

（十七）右下势独立

落脚勾手，屈膝下蹲成开步，仆步穿掌，弓腿起身，独立挑掌（图6-35）。

5 6 7

图 6-35 右下势独立

（十八）左右穿梭

落脚转体，抱手收脚，迈步错手，弓步推架；转体撇脚，抱手收脚，迈步错手，弓步推架（图 6-36）。

1 2 3 4

5 6

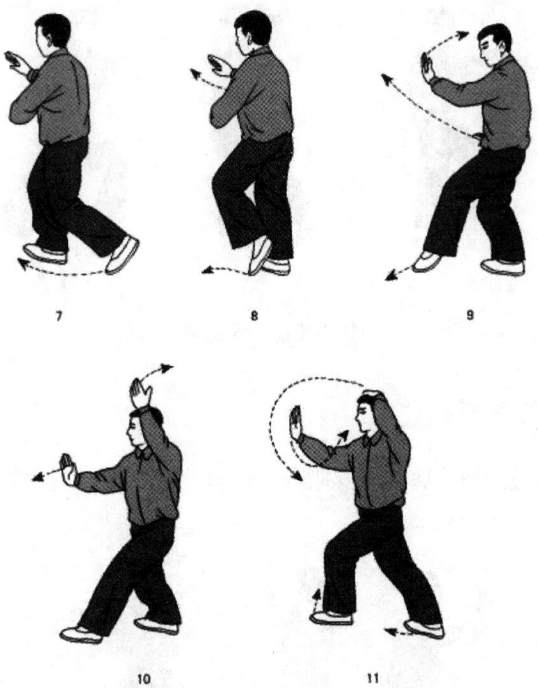

图 6-36　左右穿梭

（十九）海底针

跟步松手，身体后坐并提手，虚步插掌（图 6-37）。

图 6-37　海底针

（二十）闪通臂

提手收脚，迈步分手，弓步推掌（图 6-38）。

图 6-38 闪通臂

（二十一）转身搬拦捶

转体扣脚，坐身握拳，垫步搬拳，转体收拳，上步拦掌，弓步打拳（图 6-39）。

图 6-39 转身搬拦捶

（二十二）如封似闭

穿掌翻手，身体后坐并收掌，弓步按掌（图 6-40）。

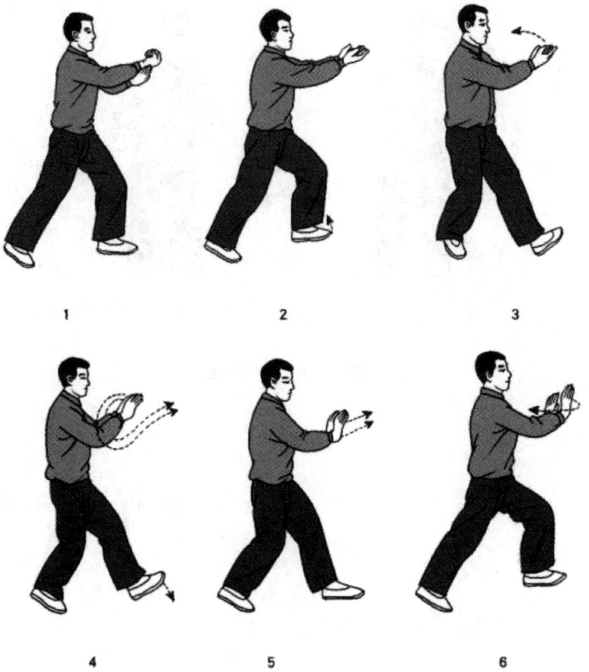

图 6-40　如封似闭

(二十三)十字手

转身扣脚,弓腿分手,转体落手,收脚合抱(图 6-41)。

图 6-41　十字手

(二十四)收势

翻掌分手,分手下落,双脚并立还原起始姿势(图 6-42)。

图 6-42　收势

第七章　学校体育场馆与大众健身俱乐部健身路径与方法

在学校体育场馆与大众健身俱乐部中，常见的健身路径有游泳、轮滑、跆拳道，以及一些常见的健身器械。本章对这些项目及健身方法进行研究，以便为学校体育场馆与大众健身俱乐部健身提供指导。

第一节　游泳健身

一、蛙泳

（一）身体姿势

蛙泳时，身体于水中俯卧，身体随着手臂和呼吸动作而有起伏。在完成一次划手、一次蹬腿的动作后，进入相对稳定的短暂滑行阶段，此时两臂和两腿伸直并拢，略微抬起头，身体纵轴与水平面形成一个约5° ~ 10° 的夹角（图 7–1）。

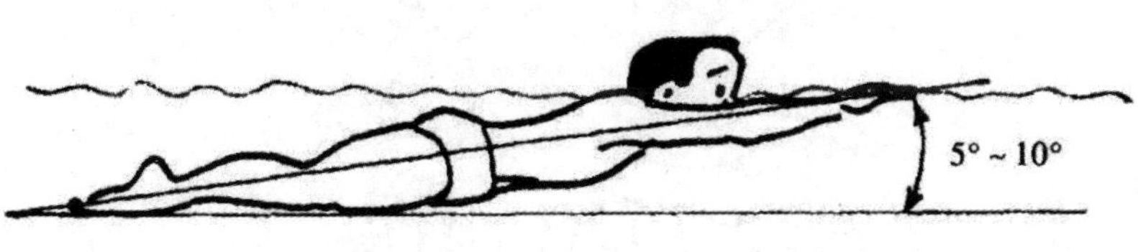

图 7–1　滑行身体姿势[①]

开始划水时，肩部随划水的进行而逐渐升高，当肩和头部升至最高

① 吴河海等．蛙泳技术与练习 [M]．北京：人民体育出版社，2001.

点并吸气时，身体纵轴与水平面达到最大夹角，约为 15°（图 7–2）。

图 7–2　划水时的身体姿势

（二）腿部动作

蛙泳腿部动作是推动身体前进的主要力量之一，蛙泳时的推进力绝大部分来自蹬腿动作，因此，学好腿部动作是学会蛙泳和提高蛙泳技能的关键。完整的腿部动作包括收腿、翻脚、蹬腿、滑行 4 个紧密相连、不可分割的动作环节（图 7–3）。

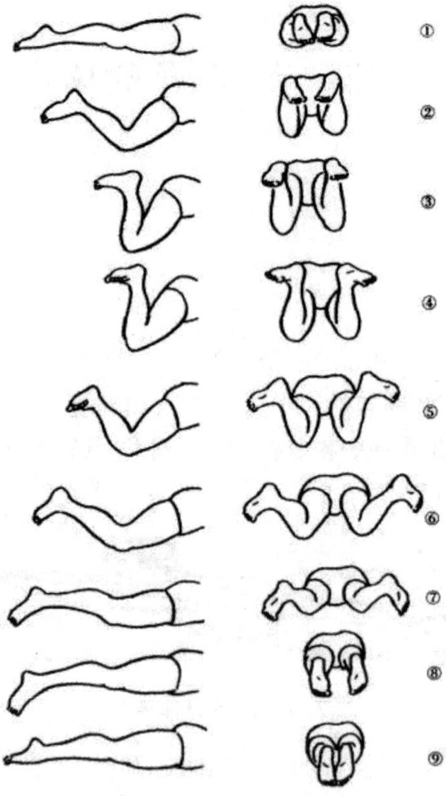

图 7–3　蛙泳腿部动作

1. 收腿

收腿是翻脚、蹬夹的准备动作。大腿放松，开始收腿的同时屈膝、屈髋，两腿慢慢分开，小腿和脚跟在大腿后面。收腿时两腿动作自然、放松，力量要小，速度要慢。收腿结束后，大腿与躯干之间形成130° ~ 140° 的夹角，膝关节紧紧弯曲，脚后跟靠近臀部，小腿与水面垂直，两膝与肩同宽。

2. 翻脚

翻脚实质上是从收腿到蹬水的一个过程，是收腿的继续、蹬水的开始。翻脚技术是否正确往往决定了蹬水效果的好坏。为了增长蹬水的路线，随着收腿的结束，两脚应继续向臀部靠近，大腿内旋使两膝内压的同时小腿向外翻，接着脚尖也向两侧外翻，使脚掌内侧正对蹬水方向。

翻脚时膝关节内扣，勾脚旋外，脚跟尽量收至臀部。翻脚结束时正确的技术是小腿内侧及脚内侧对准水，从后面看像英文字母“W”。

3. 蹬夹水

蹬夹水技术包括蹬水和夹水两个部分，二者不可分割。蹬夹水时，身体的核心力量及大腿同时发力完成伸髋、伸膝、伸踝动作。蹬水时应勾脚，使小腿内侧及脚内侧有较长时间对着水面。用脚跟做向外、向侧、向后的快速有力的蹬水动作。蹬水快结束时，踝关节内旋，双腿用力内收并拢，完成夹水动作。蹬夹水的整个动作是一个由慢到快的鞭状蹬水过程。

4. 滑行

蹬夹结束后，由于蹬腿的惯性作用，两腿还会保持短暂的滑行。在滑行之前，应先迅速抬起腿脚直至与水面平行，以减少水的阻力。滑行过程中两腿尽量伸直并拢，腿部肌肉和踝关节保持放松，为新的动作周期做好准备。

（三）手臂动作

蛙泳中手臂动作可分为开始姿势、抓水、外划、内划和伸臂共 5 个部分，它们之间同样是紧密相连的。

1. 开始姿势

蹬腿结束后，两臂在体前伸直并拢，两手手指自然伸直并拢，掌心朝下（图 7–4）

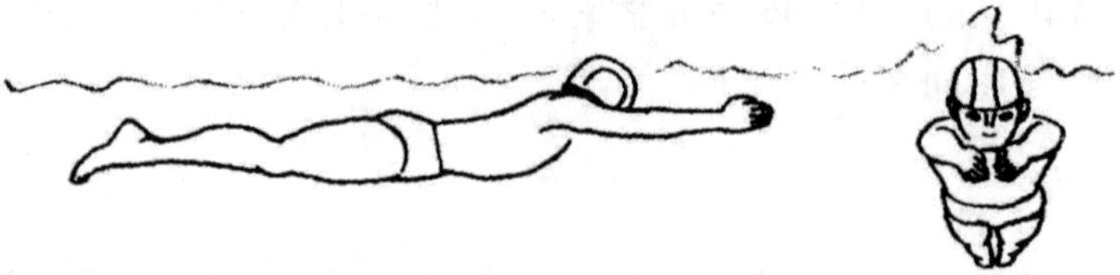

图 7–4　开始姿势

2. 抓水

抓水是为划水做准备。抓水时，前臂先内旋，使掌心向侧、下、后方，然后两臂分开，同时稍勾手腕抓水，当感到水对前臂和手掌有压力时开始向外划水。抓水结束时，两臂分开至稍宽于肩（图 7–5）。

图 7–5　抓水

3. 外划

划水是手臂动作产生推进力的重要部分，当完成抓水动作、为划水做好准备后就开始向外划水。两臂既向侧外后、下方划水，同时逐渐屈肘，前臂的移动速度要比上臂的移动速度快。当两手划至最宽点时，两手位于肩的前侧下方，两臂分开大约 120°，外划动作结束。此时，肘关节弯曲成钝角，两手间距要大于两肘间距，肘高于手，掌心向侧后下方（图 7–6、图 7–7）。

图 7-6　外划

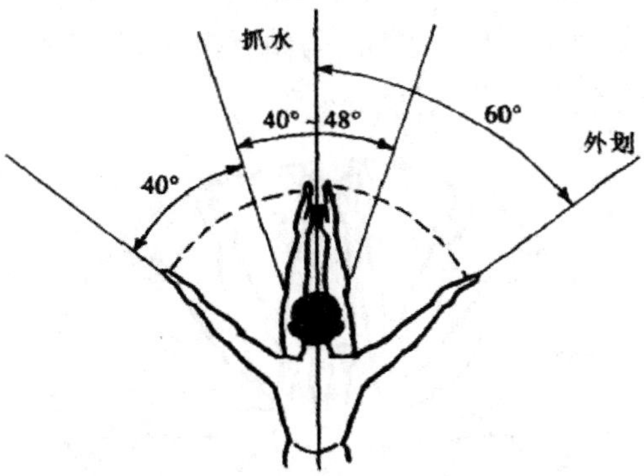

图 7-7　抓水和外划手臂夹角变化

4. 内划

内划是外划的继续，正确的内划动作不但可产生推进力，同时也可产生较大的使身体上升的力，内划时手先向内、后、下方划水，同时前臂稍外旋，使手掌由朝向侧、后、下方逐渐向后、内、下方转动，当两手划至最低点时，两手位于肩的前下方，肘关节弯曲至大小臂几乎垂直，这时手和肘同时向内、向上运动，两手掌转为斜相对。内划结束时，两手位于头前正下方，肘的位置低于手，肘关节弯曲成锐角（图 7-8）。

图 7-8　内划

5. 伸臂

收手后继续推肘伸臂，推肘不是先伸肘关节，而是伸肩关节的同时伸肘关节。两手先向前上、再向前伸。伸臂是在内划的基础上进行的。两手在下颌下接近并拢时开始向前伸，通过向前伸肘和伸肩，两臂前移至伸直，恢复成滑行姿势。伸臂时不能有停顿。

在完整的手臂动作中，手的活动轨迹成一个“倒心形"（图 7–9），手的运动速度由慢到快不断变化。

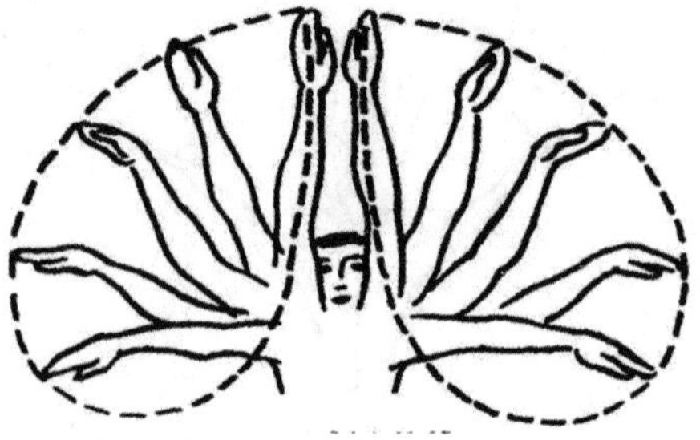

图 7–9　蛙泳划水路线

（四）配合技术

1. 呼吸与手臂的配合

掌握呼吸的时机非常重要，两臂准备外划时先抬头，先呼出在水中未吐尽的一小部分气，在开始内划时就准备吸气，内划收手，出手臂，整个吸气过程不要太着急，要尽可能吸满气，然后将头部低入水中，伸臂滑行时慢慢呼气，为下一次呼吸做好准备。整个过程身体保持流线型，动作连贯，匀速前进。

2. 手臂与腿的配合

手臂与腿的配合是蛙泳技术中的重要环节，上下肢配合的好坏直接影响手臂和腿的动作效果。合理的配合技术是：手臂外划时，腿保持放松、自然伸直姿势，臂内划时收腿和翻脚，手臂将伸直时再蹬腿。现代蛙泳技术中上下肢配合的技术特点是收腿时机比传统技术中稍晚，收腿速度及收、翻、蹬的连接速度提升了。

3. 完整配合

蛙泳配合技术最为复杂，为了保持游速的均匀，手臂动作和呼吸、腿部动作的配合尽量流畅、协调，使游进过程中每一个动作周期内的每个部分都能产生和保持推进力。通常采用一次划臂、一次蹬夹腿、一次呼吸，即1 ∶ 1 ∶ 1的配合形式，先划手，吸气、呼气，后蹬夹腿滑行。[①]

二、仰泳

（一）身体姿势

想要取得理想的仰泳健身效果，保持身体姿势的标准非常重要。在学习仰泳时，首先要使整个身体仰卧在水中，注意放松身体，使之保持自然舒展的状态；压低臀部的位置，使臀部埋入水中，胸部的位置比较高，略微高于水平面，而腹部和肩部的位置要比臀部稍高，在水下5 ~ 10cm的位置，身体稍微向上倾斜，与水平面保持5° ~ 20° 的角度。之所以需要身体保持这样的姿势，是因为这样会使整个身体呈流线型，能够减少在水中仰泳时遇到的阻力，这样的姿势也非常方便腿部拍水推动身体前进。

身体能在仰泳时保持流线型，除了身体姿势的作用，头部的作用也是非常重要的，仰泳时对头部姿势的要求有以下几个：

（1）仰泳人员的颈部保持自然伸直的状态，微微收紧下颌，后脑勺可以埋到水里，但是要注意使耳朵贴到水面上，将面部置于水面之上。

（2）由于仰泳的姿势比较特殊，人们仰泳时的视线会受到很大的障碍。为了尽量让仰泳人员看到水中的状况，要求人们在进行仰泳运动时眼睛要往身体的后上方看，视线大概保持在与水面成45° 角的位置。在水中游泳前进时，要求仰泳人员尽量使余光能够看见两腿拍水时激起的水花。

（3）在学习仰泳时，身体的主躯干保持着与两臂摇橹划水动作一致的基调来回左右转动，当一只手臂划水跃出水面时，要经空中向后移动，与此同时，同侧的肩部也转出水面之上，当一只手臂划进水中时，同侧的肩部也要转入水中，而且当手掌下滑到水中并且至最深点时，手臂

① 武利华．蛙泳[M]．天津：天津人民美术出版社，2018．

开始迅速向上划水，此时身体也要达到转动时的最大幅度，从水面可以发现，这时的肩颈连线与水平面的交叉角度大概为45°，而且髋部的位置和腿部的位置也应该随着肩部的转到而进行适当转变，但是幅度不能过大。

（二）转身技术

仰泳中的转身技术很多，一般人们将其分为平转身技术，前、后滚翻转身技术和半滚翻转身技术三种，不过常用的只有平转身技术和前滚翻技术两种，下面我们对这两种进行介绍。

1. 平转身

平转身动作是仰泳运动中最简单、最基础的动作，只要围绕前后轴转动就可以了，而且因为无论头部是否在水面以上都可以进行平转身动作，所以它不仅可以用在仰泳姿势中，在其他姿势的游泳中也非常常见。

以右手触壁的转身为例，仰泳者以一定的速度向池壁靠近，在即将触碰到池壁的时候，应该借助标志绳调整转身距离和身体动作，在左臂完成最后一次划水之后，仰泳者的右臂要摆动到头部的左前方。而且头部和肩部要向左偏，右手也要能够在左前方距离水面大约20cm深的地方触壁。

2. 前滚翻转身

前滚翻转身技术是指借助移臂时产生的向前的推动力，使整个身体绕轴转动然后形成俯卧的姿势，接着将划臂动作完成，再进行前滚翻完成整个转身动作。需要注意的是，身体从仰卧姿势转变成俯卧姿势之后，腿部不能继续做打水动作，因为身体转过去之后是垂直的，要采用俯卧姿势蹬离池壁。前滚翻转身动作也不是仰泳独有的，爬泳中的前滚翻动作和仰泳中的非常相似。

（三）腿部技术

虽然仰泳运动中人们会更加关注手臂的划水动作，但是这并不意味着腿部动作不重要。人们仰泳时会将腿部放在比较高的位置，这样才能保持身体的舒展，还能够使身体呈现流线型，降低水对身体的阻力。在用一侧手臂划水时，人们还会用两腿不停地向身体两侧拍水，以此来调整身体的方向，防止单臂划水的动作带偏身体的方向。另外腿部拍水产生的力量还能成为驱动身体前进的动力，促进人们向前游进。因此，想要完全掌握仰泳这项运动，对腿部动作的学习必不可少。

仰泳的腿部动作比较简单，要点在于：要以髋关节为支点，使用大腿发力，逐步带动小腿、双脚，而且小腿和双脚要像甩鞭子的动作一样进行上下运动，同时两腿要快速交替。[①] 虽然这段话初学者也能完全理解，但是仰泳运动的精髓在于实践而不是理论。教练在进行仰泳教学的时候要亲身进行示范，让学员通过近距离的真实观察形成对腿部动作的认识，能够大概将腿部动作模仿出来。学习过程中还要注重让学员亲身体验动作，使他们能够在练习中感受动作。教练员可以先从最基础的直腿打水教起，让学员自己感受什么叫做“大腿带小腿，小腿带脚”，然后再逐步升级动作的难度，这样学员就能够慢慢掌握整套腿部动作。就学员来说，想要尽快掌握腿部动作就要经常进行练习，提高动作的熟练度。

（四）臂部技术

手臂动作是仰泳中最主要的动作，也是推动人体在水中向前游进最主要的动力，想要掌握仰泳技术最重要的就是要学会手臂动作。仰泳的手臂动作包括入水、抱水、划水、出水和空中移臂五个部分，这五个动作紧密连接，相互承启。

（五）动作配合技术

1. 仰泳中臂、腿、呼吸配合一致

仰泳运动除了需要做好每个单独动作，还要求各个动作之间协调一致。仰泳运动中需要有机配合的主要有三个动作，分别是臂部动作、腿部动作和呼吸，一般一个动作周期包含 6 次打腿（左腿 3 次、右腿 3 次）、2 次划水（左臂 1 次、右臂 1 次）、1 次呼吸，人们简称其为 6 ∶ 2 ∶ 1。

---

① 南来寒．仰泳［M］．长春：吉林文史出版社，2014．

2. 呼吸和臂部动作的配合

仰泳运动因为大部分时间面部都露在水面之上，所以呼吸相对于其他游泳姿势来说没有那么困难。但是呼吸时需要注意的是，要配合动作的速度和节奏，根据动作调整呼吸，以保证无论做什么动作都能够有充足的浮力来保持身体的位置。

呼吸与臂部动作配合的具体动作为：手臂经过空中向前移动时，用口深呼吸；手臂进入水中时，深呼吸结束；划水时重复进行口、鼻呼吸。

3. 两臂前后划水的配合

仰泳划水时，要求两臂之间的配合既紧密又迅速，基本上一只手的划水动作做到一半，另一只手的移臂动作也要做到一半，这样才能保证划水动作能够一直连贯进行，不中断地为身体提高前进的动力。

三、蝶泳

（一）身体姿势

蝶泳时，身体各部位的波浪动作上下起伏，身体位置不固定。躯干的波浪动作有利于保持较高的身体位置和良好的流线型，也有利于臂、腿、呼吸的协调配合。蝶泳运动的身体姿势如下：

（1）在划水最有力的阶段，身体尽量保持水平，使推进力以向后的分力为主。

（2）空中移臂时，因重心位置的变化，身体失去平衡，会使腿部下沉。

（3）在手入水、腿第一次打水时，躯干应该向前上方做波浪动作，以产生较大的推进力。

（二）腿部动作

1. 向上打水

（1）两腿打水时，自然并拢，两脚稍内旋成内八字。两腿在前一次向下打水结束后，两脚处于最低点，膝关节伸直，臀部上升至水面，髋关节约屈成 160°（图 7-10 ①）。

（2）两腿伸直，向上移动，髋关节逐渐展开，臀部下沉（图7–10②③）。

（3）当两脚继续向上时大腿开始下压，膝关节随大腿下压动作自然弯曲，大腿继续加速向下（图7–10⑤）。

（4）随着屈膝程度增加，脚抬起接近水面，臀部下降到最低点，膝关节屈成110° ~ 130° 时，脚向上抬到最高点，并准备向下打水（图7–10⑥）。

2. 向下打水

当脚向下打水时，踝关节放松，脚面绷直，此时是蝶泳腿打水产生推进力的最有利阶段。然后脚面和小腿随着大腿加速下压而加速向后推水。当两脚继续加速向下打水尚未结束时，大腿又开始向上移动。当膝关节伸直时向下打水的动作结束（图7–10⑦⑧）。

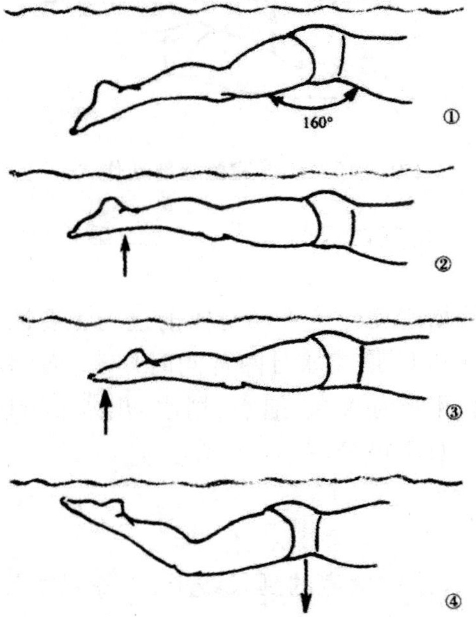

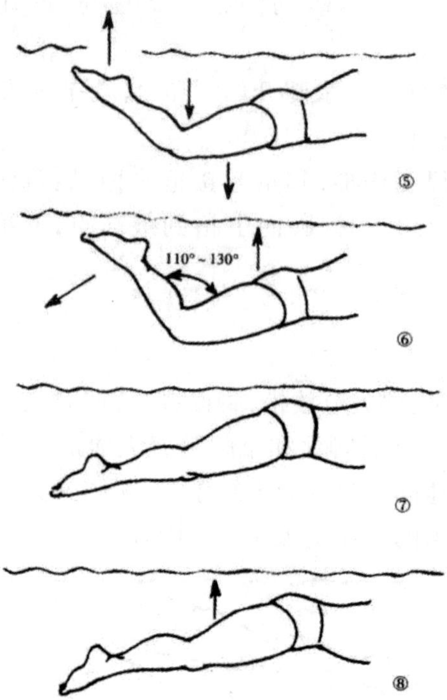

图 7-10　蝶泳完整腿部动作[①]

（三）手臂动作

蝶泳时，手臂的划水动作是推动身体前进的主要因素。蝶泳的臂部动作与爬泳类似，不同的是蝶泳时两臂同时划水，而爬泳时两臂轮流划水。蝶泳手臂动作可分为入水、抱水、划水、出水、空中移臂五个环节，各部分动作是连贯的，不可分割。

1. 入水

两手的入水点应该在两肩的延长线上，太宽易缩短划水路线，太窄不利于入水后划水和抱水。入水应以大拇指领先，手掌斜插入水，然后前臂和上臂依次入水，入水时掌心朝向侧下方，手掌与水面约成 40° 夹角（图 7-11）。

① 吴河海等．蝶泳技术与练习 [M]. 北京：人民体育出版社，2001.

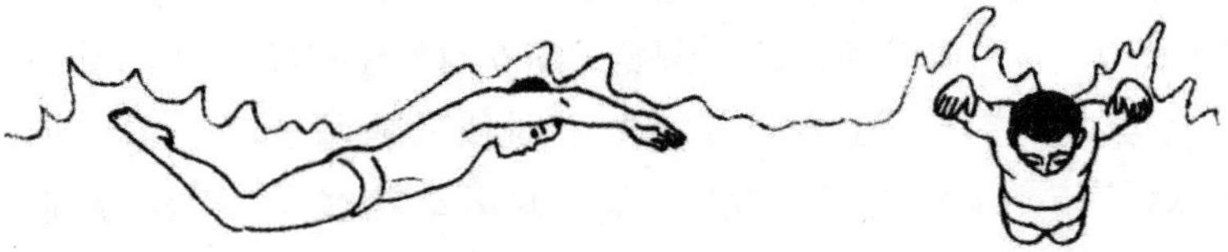

图 7–11

2. 抱水

如图 7–12 所示，手臂入水后，手和前臂向外旋转，手臂同时向外、向后运动。当两手向外划至头的侧前方时，通过勾手腕、屈肘完成抱水动作。抱水动作过程就像是用手臂抱一个大圆球，抱水是为了给划水做准备。

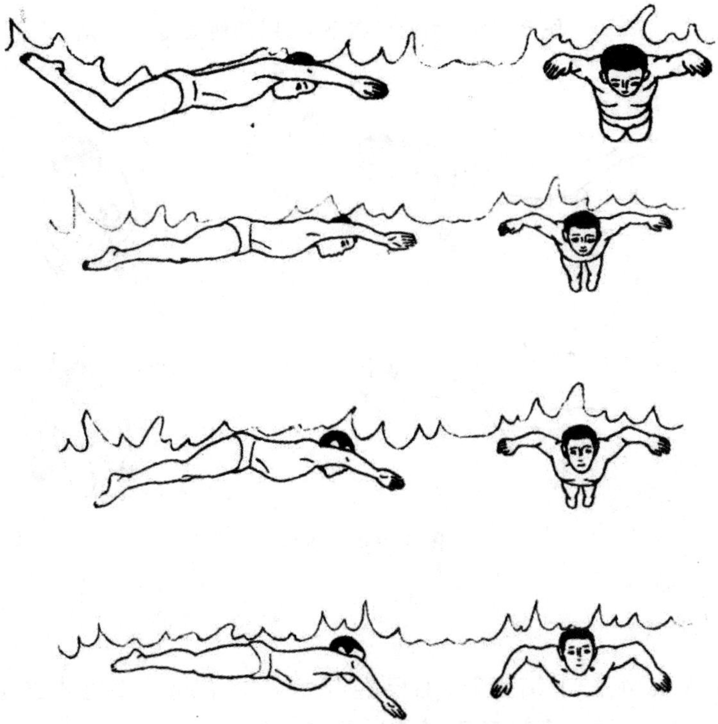

图 7–12　抱水

3. 划水

完成水动作后，手臂立即转入向内划水，划水时继续屈肘，并保持高肘姿势，手是向内、向后和向上运动的。当手臂划至肩的下方时，肘关节弯曲成 90° ~ 100° 角，两手靠近（图 7-13）。然后手臂同时向后、向外和向上运动，肘关节逐渐伸直。当手划到大腿两侧时，划水动作结束，转入出水（图 7-14）。整个划水过程手的运动路线是双“S”形曲线。肌肉用力情况为前半段拉水，后半段推水。

图 7-13 手划至肩下时，肘部弯曲度

图 7-14 划水

4. 出水

在向后推水尚未结束时，肘已经开始向上抬起。手推水结束时，利用推水的惯性，肘和肩带动手臂提拉出水（图 7-15）。

图 7-15　出水

5. 空中移臂

出水后，手臂在肩的带动下迅速从空中前移至头前。蝶泳移臂一般采用直臂移臂或肘关节微屈、高肘的移臂方式。在移臂过程中，前臂和手腕放松。臂水下划水是产生推进力的阶段，所以两手划水应由慢到快加速完成。两手的移动路线因人而异，主要有图 7-16 所示的两种划水路线。

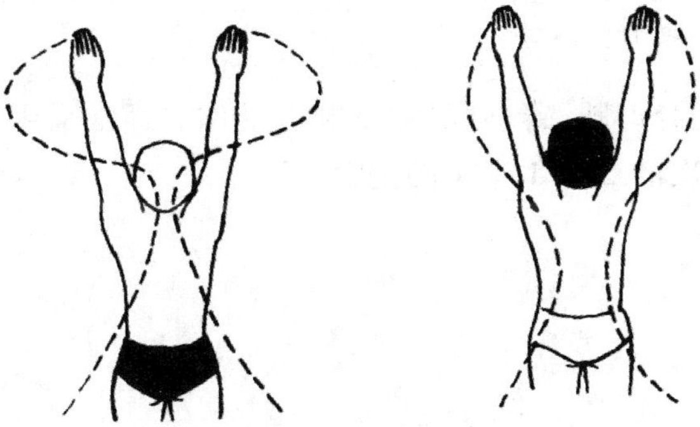

图 7-16　水下划水路线

（四）配合技术

1. 手臂与呼吸的配合

蝶泳一般采用划臂 1 次、呼吸 1 次的配合方式。当两臂抱水结束并开始拉水时，开始呼气。随着两臂划水动作的进行，头和肩部的位置逐渐升高，呼气由慢到快并逐渐抬头。当两手划水至腹部下方时，嘴露出水面，并张口吸气。推水结束时，吸气结束。向前移臂时低头闭气（图7-17）。

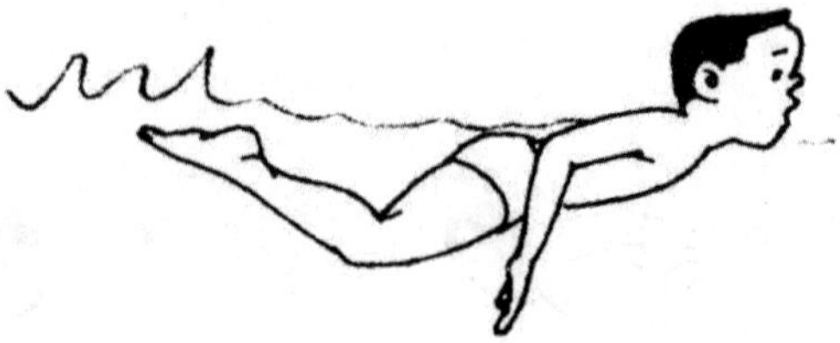

图 7-17　呼吸的时机

2. 手臂与腿的配合

蝶泳时，手臂、腿的配合动作应该节奏明显，打水连贯有力。目前普遍采用 2 ∶ 1 的配合方式，即打腿 2 次，划臂 1 次。

臂腿配合的方法：两臂入水时腿第一次向下打水，当两臂划至胸腹下方时，腿开始第二次向下打水，臂推水结束，打水结束。移臂时，腿又向上准备做下一个周期的打水动作。

3. 完整配合动作

蝶泳完整配合即腿、臂、呼吸完整配合动作。通常采用打腿 2 次、划臂 1 次、呼吸 1 次的 2 ∶ 1 ∶ 1 的配合。

四、自由泳

（一）身体姿势

自由泳基本的身体姿势是使身体呈水平俯卧于水中，躯干上的肌肉保持适度紧张，身体要呈自然伸展状态，躯干保持良好的流线型，身体纵轴与水平面的夹角为 3° ~ 5° （图 7-18）。

图 7-18

在自由泳时，要以身体的中线为轴进行顺应节奏的转动。要把整个身体看成一个不可分割的整体，随着腿部手臂动作进行以躯干为中心的转动，转动幅度通常保持 35° ～ 45° 角的范围(图 7–19)。

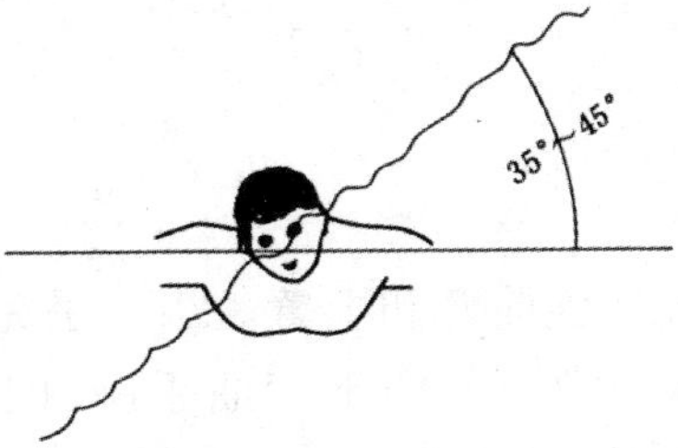

图 7–19

(二)腿部动作

自由泳腿的打水动作方向与水平面几乎是保持垂直的，从垂直面看，两腿之间大约分开 30 ～ 40cm 的距离，膝关节成大约 160° 弯曲(图 7–20)。

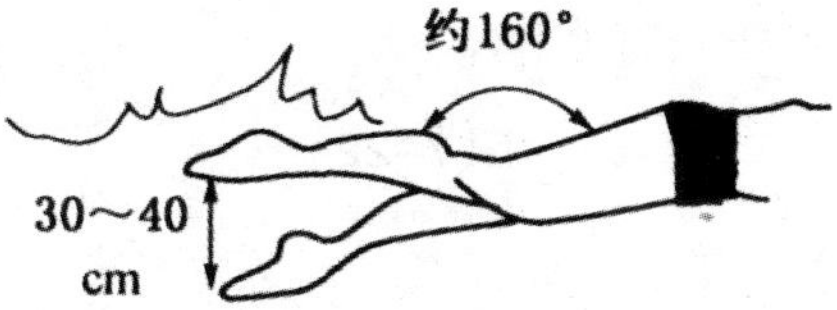

图 7–20

(三)手臂动作

自由泳的臂部动作可以分为五个部分来加以分析，这五个部分分别是入水、抱水、划水、出水、移臂，这五个部分之间是相互联系的，具有连贯性特征。

1. 入水

自由泳时，手臂入水，略弯曲肘关节，使之比手臂高，自然伸直且并拢手掌，与水面大约成 30° ～ 40° 角，首先使拇指斜向插入水中。手掌要向外，动作要做到自然放松(图 7–21)。

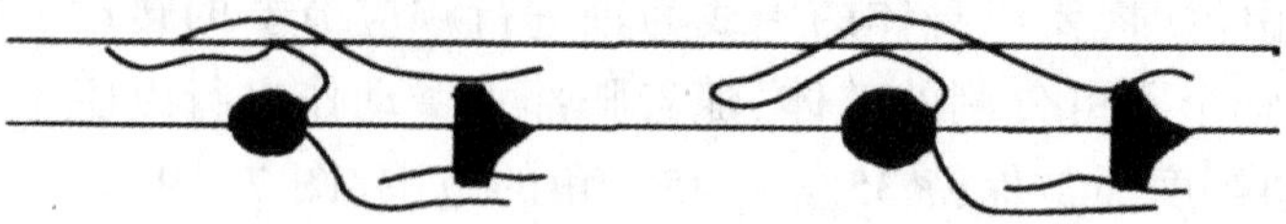

图 7-21

2. 抱水

手臂入水后，积极外旋前臂和上臂。当几乎完全伸直手臂时，手臂保持与水平面 15° ～ 20° 角，向下弯曲手腕，同时弯曲肘部，使肘比手的位置高。同时还要向前方和下方伸肩膀。上臂划至与水平面大约成 30° 角时，肘关节弯曲至 150° 左右（图 7-22），手和前臂以较大的横截面积与划水面对准，整个手臂就像抱着一个大圆球，做好划水的准备。

图 7-22

3. 划水

划水分为两个阶段：从抱水结束到划至与水面垂直之前称为“拉水”（图 7-23），过垂直面后称为“推水”。

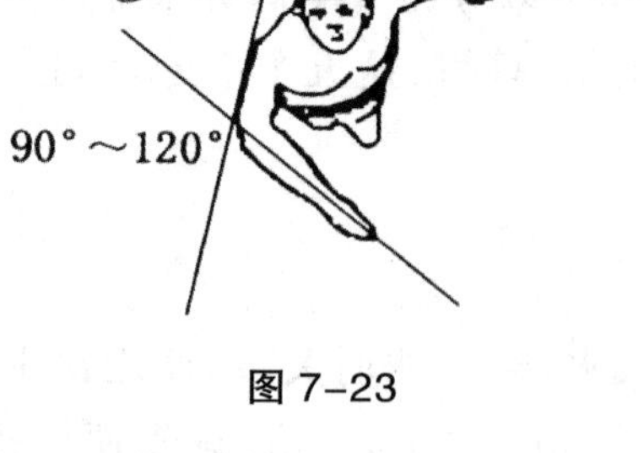

图 7-23

通过屈臂到伸臂完成向后推水动作。在推水过程中，手分别是向外、向上以及向后的运动。要保持肘关节向上，使之靠近体侧，并且始终保持手掌垂直于水平面。推水时，手掌要垂直于水平面，这样能够使推水时产生反作用，从而能够向前推进。

4. 出水

在结束划水动作后，由于惯性的作用，手臂很快与水面相接近，这时，肘关节在大臂的带动下做向外上方的“提拉”动作，把小臂和手向水面方向提出。小臂出水动作要稍慢于大臂，掌心位于后上方向（图 7-24 中①～③）。

5. 空中移臂

在空中臂前移的动作不能停顿，这是手臂出水的延续（图 7-24 中④～⑥）。

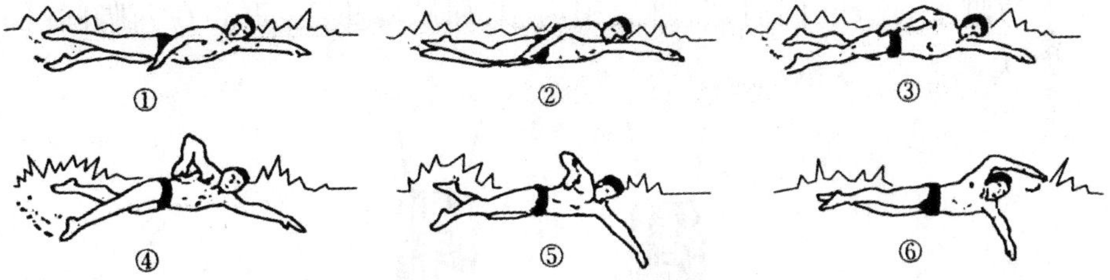

图 7-24

（四）配合技术

关于自由泳的配合技术，通常可以分为以下三种：
（1）两条腿打水六次，两个手臂划水各三次，呼吸一次；
（2）两条腿进行四次打水，两个手臂各划水一次，呼吸一次；
（3）两条腿各打水一次，两个手臂各划水一次，呼吸一次。

第二节　轮滑健身

轮滑是一项非常时尚流行的全身性有氧运动，这项运动具有重要的健身功效，如改善呼吸系统机能、心血管系统机能，促进新陈代谢，增强肌肉力量，尤其是腰腹部力量和四肢肌肉力量，提升关节的柔韧性与灵敏性，改善身体平衡力和协调力。此外，作为有氧运动的轮滑还具有消耗热量、燃脂塑形、减肥瘦身的良好功效，这是其吸引大量女性参加的一个主要原因。本节主要对轮滑基本动作方法、健身注意事项进行分析。

一、轮滑基本动作

（一）站立

1. 平行站立

两脚平行分开同肩宽，脚尖稍内扣，屈膝降重心，重心在两脚间（图7–25）。

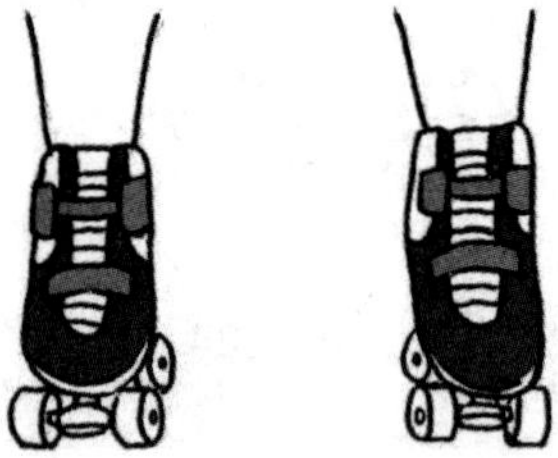

图 7–25　平行站立

2. “八”字站立

脚尖分开，脚跟靠近，上体稍前倾，屈膝降重心，重心在两脚间。站稳后双脚换平行站立（图 7–26）。

图 7–26　“八”字站立

（二）蹬地

以单脚蹬地，双脚向前滑行为例。左脚在前，右脚在后成“丁”字步站立，右脚内侧轮向身体侧后方蹬地，左脚尖稍向外撇向前滑行，重心移到左腿，同时右脚收成双脚着地，向前滑行。两脚交替蹬地，两臂自然摆动，上体适当前倾，肩部放松。

（三）滑行

1. 向前滑行

（1）前葫芦步

用双脚内刃支撑站立，起滑时身体稍前倾，屈膝用力，两脚尖向外，两臂张开以维持平衡。两脚向前外滑出直到最大弧线时，脚尖内收靠拢，成开始姿势。双脚连续分开与靠拢，不断向前滑（图 7–27）。

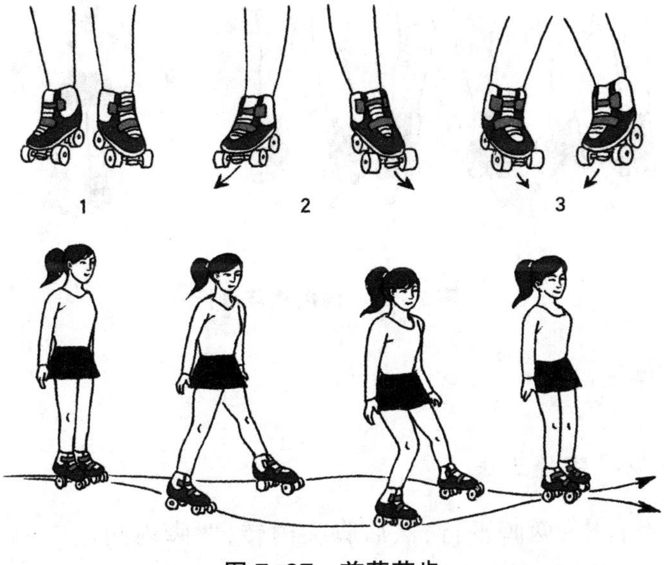

图 7–27　前葫芦步

（2）前双曲线滑行

两脚平行开立，左脚用内刃向侧肩蹬地，重心移到右脚，向右滑双脚曲线，然后右脚以内刃向侧后方蹬地，重心移到左脚，向左滑双脚曲线，依次进行（图 7–28）

图 7-28 前双曲线滑行

2. 向后滑行

以向后葫芦滑行为例。两脚平行开立,脚尖稍向内,屈膝降重心,两脚以内刃向前蹬地,同时脚跟分开,向后外滑到最大弧线时,脚跟收拢,膝关节伸直,回到开始姿势,如此重复,连续向后滑行(图 7-29)。

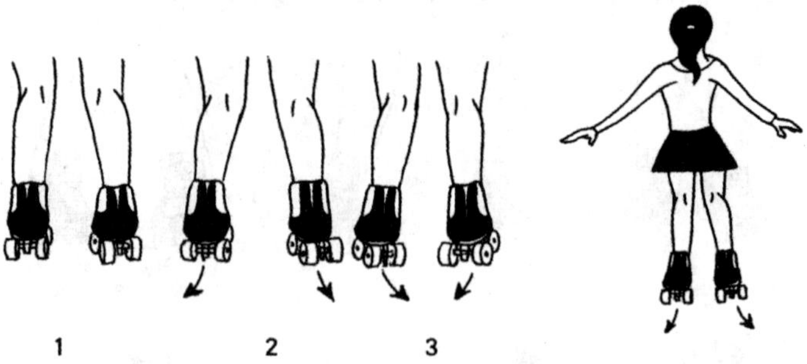

图 7-29 向后葫芦滑行

(四)停止

1. 内"八"字停止法

向前滑行中,两脚平行,然后脚尖内转,两脚内侧轮柔和压地,屈膝下蹲,上体稍前倾,两臂向前伸展以维持平衡,慢慢减速直到停下来(图 7-30)。

图 7–30　内“八”字停止法

2. “T”形停止法

单脚向前滑行，浮足在滑行脚的脚跟处，成“T”形，浮足慢慢着地，浮足以内侧轮柔和压地，慢慢减速直到停下来(图 7–31)。

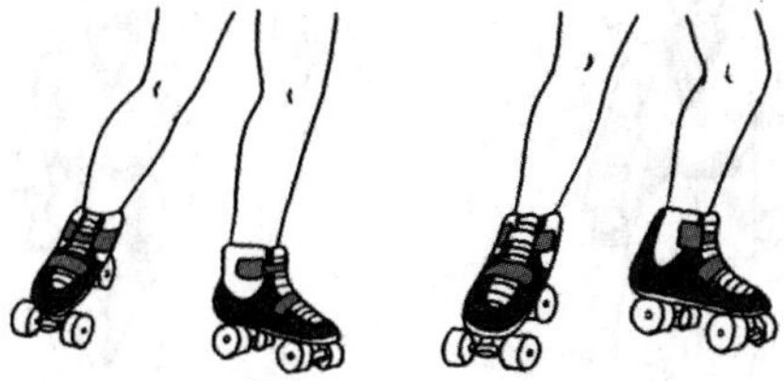

1　　2

图 7–31　“T”形停止法

二、轮滑健身注意事项

(1)根据心率、脉搏调控运动强度，运动时最大心率不超过(220–年龄)×70%。

(2)每周锻炼 3 ～ 5 次，每次 30 ～ 60 分钟。

(3)练习前检查轮滑鞋是否紧固，检查练习场地是否安全，初学时戴好护具。

(4)锻炼前后注意适当补水。

第三节　跆拳道健身

一、立

跆拳道中的“立”就是实战架势。这里主要介绍八种站立方法。

（1）自然体立（图 7–32）。

（2）并足立（图 7–33）。

图 7–32　自然体立

图 7–33　并足立

（3）单足立（图 7–34）。

（4）前屈立（图 7–35）。左、右屈立要求相同。

图 7–34　单足立

图 7–35　前屈立

（5）后屈立：与前屈立前后相反（图 7–36）。

（6）骑马立（图 7–37）。

图 7-36　后屈立

图 7-37　骑马立

（7）猫足立(图 7-38)。

（8）中段立：中段立是跆拳道实战中用得最多的基本姿势(图 7-39)。

图 7-38　猫足立

图 7-39　中段立

二、步法

跆拳道的步法有上步、退步、前进步、后退步、侧闪步、弹跳步和换跳步等。

三、拳法

跆拳道手法攻击技术受空手道影响，有正拳、里拳、平拳、一本拳、拳槌、手刀、背刀、熊掌、贯手、二本贯手和猿肘等。但在目前跆拳道运动中使用的手法只有几种拳法。

（1）前拳：双手握拳，由腰部向前方打出（图 7-40）。

图 7-40　前拳

（2）勾拳：从右中段立开始，双手握拳，上左步，左拳由腰部向前上方勾拳打出（图 7-41）。

（3）横拳：从右中段立开始，双手握拳，右拳由腰部向前方划弧线打出（图 7-42）。

图 7-41　勾拳

图 7-42　横拳

四、腿法

跆拳道运动中腿法的运用是其他格斗武术中少有的。跆拳道的腿法主要有前踢、横踢、侧踢、劈打腿、后踢、推踢、旋转踢、勾剪踢、旋风踢和双飞踢，运用时左右腿法动作方法相同。

五、组合进攻

（1）连续左后踢（图 7–43）。

图 7–43　连续左后踢

（2）左推踢接左侧踢（图 7–44）。

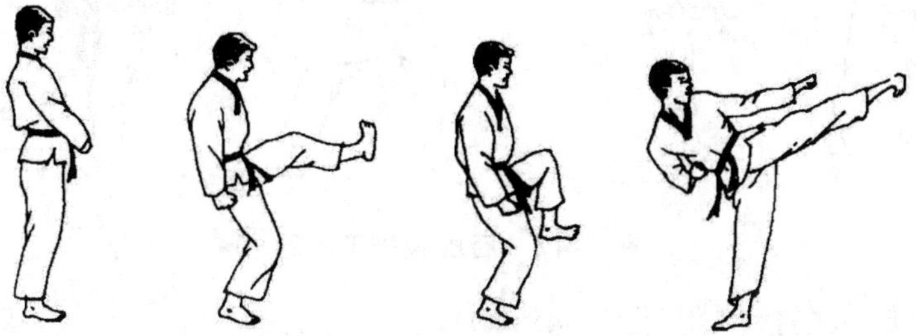

图 7–44　左推踢接左侧踢

（3）推踢接空中侧踢（图 7–45）。

图 7–45　推踢接空中侧踢

（4）推踢、旋风踢接后踢（图 7–46）。

图 7–46　推踢、旋风踢接后踢

（5）后旋腿接下推踢（图 7–47）。

图 7–47　后旋腿接下推踢

（6）旋风踢接侧踢（图 7–48）。

图 7–48　旋风踢接侧踢

（7）侧踢接空中侧踢（图 7–49）。

图 7–49　侧踢接空中侧踢

（8）上推踢接双飞踢（图 7–50）。

图 7–50　上推踢接双飞踢

（9）双飞踢接后踢（图 7–51）。

图 7–51　双飞踢接后踢

(10)前踢、转身双飞踢(图 7-52)。

图 7-52　前踢、转身双飞踢

六、防守

(一)躲闪

(1)侧身躲闪法:对方攻击时,左或右稍稍转体,避开攻击。侧身转动前要冷静,待对方的拳脚将接触身体时转动。

(2)仰身躲闪法:对方向头部或胸部攻击时,身体稍后仰,拉开距离,避开攻击。躲闪时,眼睛应该注视对方的变化,还要配合步法移动。

(3)俯身躲闪法:当对方向头部攻击时,身体向下俯倾,避开攻击。俯身时不能偏离重心垂直线,尽可能保持身体的自由反击能力。

(二)格挡

(1)双手格挡:两拳同时向上,在肩膀处分开格挡(图 7-53)。

图 7-53　双手格挡

（2）上段格挡：屈肘向头上方横挡，左右均可防守（图 7–54）。

图 7–54　上段格挡

（3）下段格挡：屈肘由上向下截挡，左右手均可防守（图 7–55）。

图 7–55　下段格挡

（4）中段格挡：小臂屈肘由外向内或由内向外格挡（图 7–56）。

图 7–56　中段格挡

（5）手刀格挡：用手掌劈打对方的攻击（图 7–57）。

图 7-57 手刀格挡

（6）十字格挡：双拳交叉，向头上方或向腹部下方格挡（图 7-58）。

图 7-58 十字格挡

第四节 健身器械健身

一、跑步机

跑步机几乎是健身房内的必备器械，也是使用率非常高的器械之一，用跑步机进行快走或跑步，可以达到良好的锻炼效果。使用跑步机健身，需要注意以下事项：

第一，身体姿势要正确，不管是在户外跑步还是在跑步机上跑步，保持正确的身体姿势都是非常必要的。跑步时双手不要在两侧的把杆上紧紧用力抓握，它不会起到助力的功效，但当在你刚开始跑或跑步即将结束时,可以把手轻轻放在上面,以保持平衡。有的人在跑步机上跑步时,速度调得过快,需要抓住把杆才能跑起来,这其实是不正确的,合理的速度是不需要抓握把杆也能跟得上的,而抓握把杆跑步会出现弓背、塌肩等不良身体姿势。

第二,站在跑步机上,从步行或慢跑开始逐渐过渡到正常速度,速度要循序渐进地增加,如果一开始就把速度调得非常快,很容易因为身体无法保持平衡而摔倒。

第三,跑步时头部正直,目视前方,不要看两侧,更不能转头看身体后面,否则会影响身体的平衡与协调。

第四,跑步即将结束时,要先减速,从正常速度的跑过渡到慢跑,必要时再过渡到步行,最后停止,切忌突然停止跑步。练习结束后要等跑步机停止工作再从上面走下来。当跑步机还在运行时不要从上面突然跳到地上,否则可能出现心率加快、头晕目眩等不适症状,也可能因为身体失衡而摔倒。

第五,在跑步机上跑步,并不是跑得越快越好,也不是跑得时间越长越好,而是要根据自己的身体情况去安排时间、调整速度,保持适宜的运动负荷,如此才能达到理想的健身效果,否则不仅达不到健身目的,反而会损害健康。

二、动感单车

动感单车是典型的有氧健身器材,也是健身俱乐部的常见器材之一,深受健身爱好者的喜爱。动感单车是经过科学实验而设计的,符合人的身体结构形态,锻炼时不需要过度用腰也能获得较好的锻炼效果。动感单车的设计不仅秉承了安全原则,还遵守了大众性、实用性原则,器材上的拉伸功能为不同身体形态的人在上面锻炼身体提供了可能。在动感单车上锻炼有两种姿势,一种是坐势,另一种是站势,不管采用哪种姿势来锻炼,都有利于增强腿部肌肉力量和耐力,促进骨骼发育,最终增强体质,增进健康。

在动感单车上进行骑行锻炼,主要有以下几种方式:

第一种,有氧运动骑行锻炼法,如间歇骑行锻炼、自由骑行锻炼等。这种方式有利于消耗脂肪,减肥瘦身,促进心血管功能的提升,达到强身健体的功效。

第二种，强度骑行锻炼法。这种方式有利于促进腿部肌肉力量的增强，使腿型更健美，同时也能改善心肺功能。

第三种，力度骑行锻炼法。这是一种环绕骑行锻炼方式，就像在山路上骑车一样，有利于增强腿部肌肉力量，提高骑行的技巧能力。

健身爱好者进行动感单车骑行锻炼，需要注意以下几方面的要求与要点：

第一，贯彻安全第一的原则，尽量在确保身体没有伤病的情况下进行锻炼。

第二，上车前先根据需要对动感单车进行适当调整，检查相关螺栓是否拧紧。

第三，锻炼前半小时饮水，锻炼中间隔 8 分钟左右适当饮水，做到少量多次。

第四，锻炼频率以每周 4 次为宜，每次的运动强度可以不同，体会运动强度的交错性和不同运动强度下的锻炼效果。一般建议每次锻炼半小时到 1 个小时。

第五，锻炼时，先放慢速度，检查制动按钮是否灵敏，身体适应后，再逐渐加快速度。急停时按紧急制动扭。

第六，练习结束后做放松练习，以拉伸为主，大约 10 分钟，以尽快消除疲劳。

三、划船机

划船机是以锻炼力量为主要功能的健身器材。健身者坐在划船机上进行锻炼时，手臂像划桨一样做屈伸运动，下肢也随之屈伸，大量伸肌参与运动，其中包括很多平时不参加运动的伸肌，这便能够很好地锻炼全身肌肉力量，促进力量素质的提升。划船机健身练习不但能够锻炼四肢肌肉，还能锻炼背部肌肉，在体前屈、体后伸的屈伸活动中，背肌活动范围达到最大，脊柱各关节也能有效活动，从而促进了背肌的增强和脊柱柔韧性、弹性的改善。

在划船机上进行健身时，要连贯地完成每一个屈伸动作，中间不要有明显的停顿。划行时要保持正确的身体姿势，动作做到位，动作幅度尽可能大，如果幅度太小，肌肉的伸展就不充分，锻炼效果就不理想。

有的健身者进行划船练习是为了减重、减肥，对于他们而言，划船机无疑是非常有用的有氧运动器材，锻炼时要将手柄的力度调到中低强度，每次练习至少半小时，中途适当休息，只有达到一定的强度，减肥效果才更明显。

以锻炼肌肉为主要健身目的的健身者也常常进行划船练习。这类健身者应该将手柄力度调到中等强度以上甚至是最大强度，如此可以很好地锻炼背部肌肉、手臂肌肉和腿部肌肉，可以使肌肉紧张的问题得到缓解，坚持下去，可以使背部肌肉更加健美。锻炼时要调整好呼吸，身体前倾时呼气，身体后仰时吸气。需要注意的是，如果划船练习单纯是为了锻炼力量，还应该与其他辅助性练习结合起来，如速度练习、协调练习、灵敏练习等，从而促进身体素质的全面改善与提升，整体提升身体健康水平。

第八章　适合学校与社区不同群体的健身手段与方法

在学校与社区中，存在着不同的群体，他们性别、年龄及身体情况都存在差异，因此在健身中不能一概而论，而应该做到有针对性。本章对学校与社区不同年龄群体、女性群体及患病、残疾群体的体育健身进行研究。

第一节　不同年龄群体的体育健身

一、少年儿童的体育健身

（一）少年儿童的身心特点

少年儿童生长发育的一般规律是指少年儿童在生长发育过程中所共同具有的一般现象。虽然可能由于种族、环境、营养、体育锻炼、疾病或遗传等因素的影响，会表现出形态、机能、体能、性成熟等方面的个体差异，但一般规律仍然是普遍的，可以作为少年儿童进行体育健身的基本参考标准。

1. 由量变到质变的发育过程

人体的生长发育是从不停歇地、每时每刻都在进行的生物过程，是由无数个不易觉察的细小量变逐渐过渡到质变的复杂过程。自儿童期开始，人体的形态由小到大、由轻到重的改变是十分明显的。因为儿童少年时期是人体生长发育的黄金时期，机体各个组织和器官在不断地分化，快速地发展逐渐趋于成熟。这一生长发育过程最大的特点就是从量变到质变，呈现飞跃式的增长。经常是同时进行的，他们彼此互相促进、相互依存、密切相关。

2. 发育速度呈波浪式

人体的生长发育不是呈直线保持匀速上升的，而是以波浪式、快慢交替地进行。也就是说，在某一个阶段发育很快，形体的变化也较为明显；而在某一个阶段又相对较慢，发生的变化也不易察觉。比如，人的身高和体重是最为明显的两个体征。从胎儿到成人，人生有两次突增期或生长发育高峰时期。第一生长高峰期是由胎儿时期开始至出生后的一年内。随后，个体的身高、体重两个生长指标的增加处于相对稳定的增长期。当进入青春期之后，一般是指 10 岁至 20 岁之间这段时期，个体的身体生长发育速度出现了第二次高峰，随后机体发育速度相对减慢，直到机体发育成熟为止。在两次生长高峰期内，人体的身高、体重都呈现出快速发育变化的特性。

3. 生长发育是不均衡的

儿童少年时期的身体发育呈现不均衡但又协调统一的特征。在胎儿发育时期，身体各部分的发育呈现为头尾发展规律，即胎儿头颅约占身体的二分之一。婴儿出生后，身体发育遵循“向心律”的生长发育规律，也就是下肢发育快于上肢、四肢发育先于躯干、身高发育先于体重的特征。每个人从自己刚出生到发育成人的全过程中，机体的下肢、上肢、躯干分别比胎儿增长了四倍、三倍、两倍，但是个体的头部只增长了一倍。并且，机体各个器官、系统的发育也是不均衡的，有早有晚。尽管如此，但是整体而言，人体各器官、系统的发育是与自身的机能相适应的，并且彼此的发育有着一致性和相关性。

（二）少年儿童的体育运动

人生难得是少年。可见青少年是人生最美好的时期，他们的身体发育趋于完善与成熟。可以说是人生中的黄金时期。因为在各个方面都具有极大的可塑性，如果在这一时期进行科学有效的体育健身，会得到非常好的效果，并且令他们终身受益。我国的少年儿童正处于义务教育时期，因此他们会接受较为系统的体育训练，对力量、耐力、速度、柔韧、灵敏等各项身体素质都有着系统的训练计划。同时，也会开展各种体育项目的兴趣培养和技能训练，如乒乓球、足球、羽毛球、游泳、跑步、跳高、跳远等等。

二、青少年的体育健身

（一）青少年的身心特点

青少年身体形态指标快速增长，而且身体长度和四肢先发育，身体围度和躯干后发育。青少年肌肉比较松软，收缩力量弱，关节周围的肌肉细长而薄弱。此外，青少年心脏收缩力量弱，肺活量小。

处于生长发育时期的青少年有一定的能力去学习运动技能。这一时期参与运动健身不但能够促进体质增强，促进身心发育及健康状况的改善，而且有助于智力的开发。青少年保持良好的运动锻炼习惯，能够为将来适应社会环境打下良好的基础。对青少年来说，运动锻炼是终身受益的健康促进路径。

（二）青少年的体育运动

适合青少年参与的体育活动比较多，青少年掌握简单运动技能的能力比较强，只要选择适合自己身心发展水平的运动方式，并坚持不懈地锻炼，运动技能水平就能不断提高，体质也会不断增强。对青少年群体来说，选择的运动方式要尽可能有助于全面锻炼机体各器官与系统，要有助于整体提升身体机能水平。

适合青少年的运动方式如下。

1. 有氧运动

有氧运动是青少年每天都应该参与的锻炼项目，常见的有氧运动项目有健身走、爬山、骑车、轮滑、游泳等。青少年可从这些有氧运动项目中选择自己感兴趣的两三项去参与，从事这些有氧运动锻炼时，以中等强度为主。

除了每天进行中等强度的有氧运动锻炼外，每周还要穿插像足球、篮球、跳绳、健美操、跑步等之类的大强度有氧运动项目进行锻炼，大强度锻炼每周以 3 次为宜。跑步是最简单易行的有氧运动方式，青少年长期坚持跑步锻炼，能够促进身体机能与身体素质的全面发展与提升。

2. 肌肉力量练习

肌肉力量练习也是青少年的主要运动方式之一，这种运动方式对全面改善青少年身体机能具有重要作用。青少年科学进行肌肉力量锻炼，不但能够促进肌力的增强，还对骨骼发育和心血管系统功能的改善起到积极作用。

青少年进行肌肉力量练习，主要有徒手练习、器械练习和项目练习三种方式。

（1）徒手练习

徒手锻炼肌肉力量的方式主要有俯卧撑、仰卧起坐、引体向上等。

（2）器械练习

青少年进行器械类力量锻炼时，适宜选择简单的器材，如轻哑铃、跳绳，网球等，或者选择专门针对青少年设计的器材，如青少年拉力带等。像健身房中的重量级器械是不适合青少年儿童使用的，而且即使选择专用器材如拉力带进行练习，每次锻炼时间和一周锻炼频率也不宜过长、过多，一般一周一两次，每次 10 分钟左右为宜。

（3）项目练习

有助于锻炼肌肉力量的项目有各种球类活动、健美操、登山等项目。

青少年要注意全面锻炼身体各部位肌肉力量，适宜负荷为 10 ~ 20RM，要根据自身情况对负荷强度进行调整，确定负荷强度后，在该强度下重复练习两三组再进行变换强度练习，每周以 3 次左右为宜。

3. 柔韧练习

青少年的肌肉组织有良好的弹性，所以采取柔韧练习的方式进行健身锻炼是比较适合的，青少年可以通过牵拉练习来锻炼柔韧性，也可以参与一些具体的项目进行锻炼。

（三）青少年运动强度

青少年在运动锻炼中要根据自己的身体机能水平和运动习惯而选择适宜的强度，在锻炼过程中要通过主观感觉而进行自我监控，从而对运动强度进行控制与调整，使自己保持良好的运动状态，提高锻炼效果。青少年在参加有一定风险性的运动项目或参加重要比赛前，要先检查身体健康状况，并测试运动能力，从而提高锻炼或比赛的安全性。体质较差或运动基础差的青少年先以中小强度的锻炼为主，然后逐步向大强度项目过渡，要循序渐进，不能过早进行大强度锻炼。

青少年的身心发展特征决定了其在运动锻炼中既容易出现疲劳症状，又容易消除疲劳。如果经过大强度锻炼后出现非常明显的疲劳症状，就要降低强度，增加间歇，以消除疲劳，促进恢复，避免出现过度疲劳现象。

（四）青少年运动时间

青少年应该每天坚持锻炼，每天锻炼时间至少 1 小时。为了更好地促进生长发育，维持健康，每天锻炼时间可延长至 2 小时左右，以控制体重为目的而进行运动锻炼的青少年，每天至少锻炼 1.5 小时，如果时间太短，则达不到理想的效果。

三、青壮年和中年人的体育健身

（一）青壮年和中年人生理特点

青壮年时期人体各器官组织的生长发育都已完成，身体素质处于较高水平。因此能进行较大负荷和较大运动量的锻炼。但进入中年后，身体机能有下降征兆，而且在各方面的压力下，中年人容易发生疾病，体力下降，精力减退，很多中年人开始发胖，运动时易产生疲劳且不易消除。

（二）青壮年和中年人健身初期运动方案

在锻炼初期，以中小运动负荷为主，每次锻炼的时间要有所控制，当身体机能能够很好地适应负荷后，再慢慢加大负荷，逐步提高运动难度，提高锻炼效果。运动负荷的大小与运动时间、运动频率及运动强度有关，调整运动负荷时，按照运动时长→运动频率→运动强度的顺序逐步调整。

青壮年和中年人为期 8 周的初期锻炼方案见表 8–1。

表 8-1　青壮年和中年人初期锻炼方案（8 周）[①]

运动方案	第 1—2 周	第 3—4 周	第 5—6 周	第 7—8 周
方案要点	运动方式轻松、自然	增加练习时间	继续增加练习时间；增加有氧运动强度和运动频率	调整有氧运动方式；继续增加运动时间和运动强度；增加力量练习
运动方式	有氧运动（健步走）；柔韧性练习（牵拉练习）	有氧运动；柔韧性练习	有氧运动；柔韧性练习	有氧运动（慢跑、远足、登山、游泳等）；柔韧练习；力量练习
运动强度	有氧运动：中等强度（55% 最大负荷）；柔韧练习：适度	有氧运动：中等强度（55% 最大负荷）；柔韧练习：轻度	有氧运动：中等强度（55%—60% 最大负荷）；柔韧练习：轻度	有氧运动：中等强度（60% 最大负荷）；柔韧练习：适度；力量练习：中等强度（60%—70% 最大负荷）
运动时间	有氧运动：10—20 分钟；牵拉练习：2—3 分钟	有氧运动：20—35 分钟；牵拉练习：3—5 分钟	有氧运动：25—35 分钟；牵拉练习：5—8 分钟	有氧运动：30—40 分钟；牵拉练习：5—10 分钟；肌肉力量练习：4—6 个部位的肌肉锻炼各完成一组
运动频率	3 次 / 周	3 次 / 周	3 次 / 周	3—4 次 / 周

（三）青壮年和中年人健身中期运动方案

初期运动持续 8 周时间，经过这段时间的运动健身后，身体机能适应运动负荷的能力增强，也在一定程度上提高了身体机能水平、身体素质和运动能力。这时进入中期锻炼阶段，该阶段运动时间、强度会在之前的基础上持续增加。

青壮年和中年人为期 8 周的中期锻炼方案见表 8-2。

① 徐勇灵，高雪峰．科学运动与体质健康促进指导手册 [M]. 广州：广东高等教育出版社，2016.

表 8-2 青壮年和中年人中期锻炼方案(8 周)[①]

运动方案	第 1—3 周	第 4—6 周	第 7—8 周
方案要点	增加运动时间,每周有氧运动锻炼时间共 2.5 小时左右	每周一次大强度运动,及时消除疲劳	方案内容基本固定,为长期锻炼做准备
运动方式	有氧运动; 柔韧性练习(牵拉练习); 肌肉力量练习	有氧运动; 柔韧性练习; 肌肉力量练习	有氧运动; 柔韧练习; 力量练习
运动强度	有氧运动:中等强度(60%最大负荷); 柔韧练习:适度 力量练习:中等强度(60%—70%最大负荷)	有氧运动:中等强度(60%—70%最大负荷);每周一次大强度(70%—75%最大负荷) 柔韧练习:适度 力量练习:中等强度(60%—70%最大负荷),每组重复 10 次左右	有氧运动:中等强度(60%—70%最大负荷);每周 1—2 次大强度(75%最大负荷) 柔韧练习:适度; 力量练习:中等强度(60%—70%最大负荷),每组重复 10 次左右
运动时间	有氧运动: 30—50 分钟; 牵拉练习: 5—10 分钟; 肌肉力量练习: 6 种肌肉锻炼方法各完成 2 组	有氧运动: 30—50 分钟; 牵拉练习: 5—10 分钟; 肌肉力量练习: 8 种肌肉锻炼方法各完成 2 组	有氧运动: 30—60 分钟; 牵拉练习: 5—10 分钟; 肌肉力量练习: 10 种肌肉锻炼方法各完成 2 组
运动频率	3—4 次 / 周	3—5 次 / 周	3—5 次 / 周

(四)青壮年和中年人健身长期运动方案

经过 16 周的运动锻炼后,身体机能水平明显提高,而且规律的健身习惯也基本养成,这就需要制定稳定的适合长期参考的运动锻炼方案,长期运动方案如下。

1. 运动方式

(1)有氧运动(中等强度或大强度)

每周有氧运动的总时间为 5 小时左右,以中等强度为主,若穿插大

① 徐勇灵,高雪峰.科学运动与体质健康促进指导手册[M].广州:广东高等教育出版社,2016.

强度有氧运动锻炼，则大强度锻炼总时间为2小时左右。

（2）柔韧练习

牵拉练习，每周至少2次。

（3）力量练习

锻炼各部位肌肉力量，每周3次左右。

2. 运动强度

（1）有氧运动

中等强度60%—70%最大负荷，大强度70%—80%最大负荷。

（2）柔韧练习

适度。

（3）力量练习

中等强度60%—70%最大负荷，每组重复10次左右。

3. 运动时间

（1）有氧运动

30—60分钟。

（2）柔韧牵拉练习

在每次运动结束后都要进行牵拉练习，每次5—10分钟。

（3）肌肉练习

8—10种练习方式重复完成3组。

4. 运动频度

每周5次，包括大强度有氧运动（每周最多2次）。

四、老年人的体育健身

（一）老年人的身心特点

1. 老年人的身体特点

目前，我国已进入人口老龄化的时期。对于一个人口技术如此庞大的国家这是一个非常重要的、需要尽快采取相应的对策、有效的措施来缓解压力。其中，鼓励老年人加强体育锻炼，通过运动健身达到增强体质是一个简单而有效的方法。但是,老年人是高发冠心病、高血压、高血脂、糖尿病等老年病的群体,大多数老年人都患有一些基础病,这是妨碍他们进行大量体育运动的不利因素。何况,本来老年人的身体各项机能已经逐渐衰老和退化。但是尽管如此,坚持恰当的体育锻炼都是提高或保持老年人身体健康的最佳选择。因此,工作的重点应该是如何提高老年人的健康意识和运动观念,引导老年人进行科学的、有效的以及与他们自身情况相适宜的体育健身活动。通过选择合适的运动方式,营造良好的社区运动氛围,让老年人能够以比较便捷的方式坚持体育锻炼,是保持他们身心健康的有效方式。

2. 老年女性的身心特点

以我国的文化习俗来看,老年女性尽管已经退休或者不作为社会生产的核心人群。但是在家庭这个私人场域内,老年女性是家中的核心人员,仍然担负着重要的家庭责任和养育任务。就中国人的家庭观念和代际养育方式,老年人是帮助子女看护孙子或者外孙的主要力量。因此,多数的老年女性还肩负着繁重的家务工作,他们是陪伴、接送、看护、养育他们的第三代子孙的核心人员。而留给他们自己的休闲娱乐或者锻炼时间其实是比较有限的。就目前来看,很多社区的体育活动还是以晨练为主要形式。绝大多数的老年女性都是选择在每日清晨进行锻炼,以健身操、健步走为主要运动形式。因为老年人习惯了早睡早起,当全家人还在睡梦中的时候,她们正好可以参加社区的体育锻炼。而白天和晚上这段时间,她们要忙于家务分别没有时间进行锻炼。因此,要组织老年女性的体育锻炼活动,首先要清楚她们的生活安排和作息习惯。

另外,老年女性的另一个特点是喜欢结伴运动。相对于单独进行体育锻炼而言,更多的老年女性参加集体性的活动对她们更有促进作用。比如,群体性的健步走或者健身操、太极拳类的运动形式,可以让她们更有参与的热情和坚持的动力。因为,集体性体育运动对于她们而言,不仅仅是运动的场所,也是社交的机会,是她们讨论生活话题、娱乐身心的主要渠道。

3. 老年男性的身心特点

和老年女性相比,老年男性在进行体育锻炼时对集体没有那么强烈的依赖感。他们可以独自进行跑步、打拳、钓鱼、游泳,也可以和三两个同好相约一起进行锻炼,如冬泳、打球等。而大规模的集体性健身活动对他们没有太大的吸引力。但是,如果是竞赛性或娱乐性的体育运动,或许更能激发他们的参与热情。他们乐于组织、协调或者参与竞争,这和大多数男性都具有竞争的心理机制有关。因此,在组织老年男性进行体育运动的时候,要抓住他们的心理特点,筛选符合他们性格特点的活动形式。只有这样,才能真正地促进他们积极参加社区的体育运动。

4. 老年人的组织特点

针对老年人的生活作息和活动范围这些特点,应以社区、街道、老年活动中心设置为他们的主要运动场所。积极开展丰富的文化体育娱乐活动,如舞蹈、健身操、太极拳、太极剑、柔力球、韵律操、健步走、爬山、踢毽子等适合老年人进行的运动形式,加强组织以社区为单位的集体性老年体育活动。还可以定期组织社区间的友谊赛,以增强老年人的运动动力和积极性。还有一些如乒乓球、羽毛球、台球等球类项目也适合组织老年人进行不定期的小组比赛。

在夏季可以组织集体的游泳、垂钓等活动。不仅可以丰富老年人的文化生活,增加他们的生活情趣,还能很好地达到锻炼身体的目的,可谓一举多得。通过组织这些活动,还可以调动老年人的社会活动能力,使他们更具参与感和责任感。比如,可以对活动进行人员的动员与组织,对场地的使用进行谈判和协商,甚至有能力的老年人还可以通过自己的社会活动能力,拓展活动资金的筹措渠道,保障活动能够以有组织、有计划、有规模地进行。有些活动适合早晨进行,如一些常规的健身操、太极拳等;有些则适合周末或者节假日进行,如一些乒乓球比赛、游泳比赛等等。总之,组织老年人的体育运动应从老年人的身体特点和实际生活需要出发。活动内容尽可能丰富多样、形式灵活,尽可能地多以集体的形式展开,以增加老年人的社会交往空间,避免长期仅在狭小的个人圈子里活动而产生孤独的心理。通过组织集体性的体育运动,使达到帮助老年人身心舒畅的目的。

(二)老年人健身初期运动处方

老年人要先做体检才能开启短期或长期的锻炼计划,体检要去专门的医疗机构,此外,专业人士还要组织测试老年人运动能力,从而提出更科学的运动方案。在锻炼初期,对运动强度、时间都要有所控制,逐步增加运动负荷，并按照运动时间→运动频率→运动强度的顺序来增加负荷。

老年人为期10周的初期锻炼方案见表8-3。

表8-3 老年人初期锻炼方案（10周）

运动方案	第1—2周	第3—4周	第5—7周	第8—10周
方案要点	安全和放松	增加运动时间	增加运动时间、运动强度和运动频率	调整有氧运动方式；增加力量练习；增加运动时间、运动强度
运动方式	有氧运动：散步、健步走；柔韧性练习；牵拉练习	有氧运动：散步、健步走；柔韧性练习：牵拉练习	有氧运动：散步、健步走；柔韧性练习：牵拉练习	有氧运动：远足、登山、慢跑、游泳等；柔韧性练习；力量练习
运动强度	有氧运动：中小强度（50%最大心率）；柔韧性练习：轻度	有氧运动：中小强度（50%最大心率）；柔韧性练习：轻度	有氧运动：中等强度（50%—55%最大心率）；柔韧性练习：轻度	有氧运动：中等强度（55%—60%最大心率）；柔韧性练习：适度力量练习：50%—60%最大负荷
运动时间	有氧运动：10—15分钟；柔韧练习：2—3分钟	有氧运动：20—25分钟；柔韧练习：3—5分钟	有氧运动：25—30分钟；柔韧练习：5—8分钟	有氧运动：30—40分钟；柔韧练习：5—10分钟；肌肉力量练习：5种练习各完成一次
运动频率	3次/周	3次/周	3—4次/周	3—4次/周

（三）老年人健身中期运动处方

经过10周的运动锻炼后，人的身体各器官系统都基本适应了运动初期的运动负荷，身体机能和运动能力都有一定提高，此时可以进入中期运动健身方案，继续增加运动强度和运动时间。

老年人为期10周的中期锻炼方案见表8-4。

表 8-4　老年人中期锻炼方案(10 周)

运动方案	第 1—3 周	第 4—6 周	第 7—10 周
方案要点	每周有氧运动(中等强度)时间为 2.5 小时,增加平衡力练习	增加运动时间、运动强度	内容基本固定,为长期锻炼做准备。
运动方式	有氧运动; 柔韧性练习; 平衡练习; 力量练习	有氧运动; 柔韧性练习; 平衡练习; 力量练习	有氧运动; 柔韧性练习; 平衡练习; 力量练习
运动强度	有氧运动:中等强度(60%—65%最大心率); 柔韧性练习:适度; 平衡练习;2 组; 力量练习:50%—60%最大负荷	有氧运动:中等强度(60%—65%最大心率);大强度(70%—75%最大心率) 柔韧性练习:适度; 平衡练习;2—3 组; 力量练习:50%—60%最大负荷	有氧运动:中等强度(60%—70%最大心率); 柔韧性练习:适度; 平衡练习;2—4 组; 力量练习:50%—60%最大负荷
运动时间	有氧运动: 30—45 分钟; 柔韧练习: 5—8 分钟; 平衡练习: 5 分钟; 力量练习: 8 种练习各完成 1 组	有氧运动:30—50 分钟; 柔韧练习:5—10 分钟; 平衡练习:5—10 分钟; 力量练习: 8 种练习各完成 2 组	有氧运动: 30—50 分钟; 柔韧练习: 5—10 分钟; 平衡练习: 5—10 分钟; 力量练习: 10 种练习各完成 2 组
运动频率	3—4 次 / 周	3—4 次 / 周	3—5 次 / 周

(四)老年人健身长期运动处方

经过初期锻炼和中期锻炼,身体机能水平基本稳定,而且适应运动负荷的能力增强,这时就需要制定适合长期参考的运动处方。但需要注意的是,在长期锻炼中,随着年龄的增加,运动负荷要适度减少,以保障老年人的安全。老年人长期锻炼的运动处方如下。

1. 运动方式

(1)有氧运动

每周有氧运动锻炼总时间为 2.5—5 小时。

（2）力量练习

每周进行2次

（3）平衡能力练习

每周进行3次平衡锻炼。

（4）柔韧性练习

每周至少2次专门的柔韧锻炼，并在各种运动后进行牵拉练习。

2. 运动强度

有氧运动：中等强度（60%—70%最大心率）。

力量练习：50%—60%最大负荷。

平衡能力：中等强度。

牵拉练习：适度。

3. 运动时间

有氧运动：每次40分钟左右。

肌肉力量练习：8种练习方式各完成2组。

平衡练习：5—10分钟

柔韧练习：5—10分钟。

4. 运动频度

3—5次/周。

（五）老年人体育健身注意事项

老年人在进行体育运动时要注意以下几个基本原则。

1. 严格的身体检查

对老年人来说，在正式参加体育运动之前，首先要进行严格的身体检查。这是一个非常重要的环节，每个人到这个年龄都会有一些潜在的基础病或身体问题，只有限定运动的安全界限和有效界限才能确保老人锻炼的安全可靠。

2. 加强针对性

老年人的体育锻炼目标性更强。他们在选择运动形式的时候，不仅要考虑时间，场地以及运动强度，更重要的是能够针对他们自身的健康情况进行调节。比如一些关节不适的老年人会选择游泳项目。而心肺功能不好的老年人会选择健步走、健身操等有氧运动形式。总之，老年人的运动其实更加强调个性化，才能更符合他们的运动诉求，得到较理想的运动效果。

3. 要持之以恒

老年人的运动不宜追求高强度和高频率，而重在养生。因此，对于他们而言更重要的是持之以恒地长期坚持下去，使身体保持一定的灵活性，维持其重要的功能。在持之以恒的前提下，身体条件允许的老年人，也可以适当地增加运动强度，以循序渐进为原则逐步提高运动量，从而达到更好的健身效果。

4. 灵活易变通

老年人的体育运动应该保持一定的灵活性。不必教条的一定要完预期的运动计划，他们健身的根本目的是增强体质，而非参加竞赛。即使参加一些竞赛活动也是以娱乐为主要目的，因此运动过程中要量力而为，不可勉为其难。并且，如果难度过大或者强度过大，老年人不容易学习和适应，就不易于坚持下去。

5. 运动方式

因老年人年龄的特殊性，其运动方式主要以有氧运动的散步、登山、太极拳等比较多见。为了锻炼局部的力量也可以练习举小沙袋、握小杠铃、拉轻型弹簧等。

6. 运动强度

老年人运动强度的设置因健康状况和体力强弱的不同而不同，但是推荐以较低强度的运动形式为主，控制最大心率在 60% 上下。通常运动时间以半小时为宜，然后进行充分的休息。

7. 运动时间

一般强度较低的有氧运动如健身操可每日进行，那样效果最好。体能较弱的老人可以每周健身 2 ~ 3 次。待适应后可以慢慢增加频率，但是一切都以自身的感受为重要衡量依据。并且,在任何时候如果觉得疲劳或者不适,都要立即停下来休息,以深呼吸进行调节等。

第二节　女性群体的体育健身

一、女性生理特征

(一)中年女性生理特征

1. 骨骼、肌肉和体型

女性进入中年后,人体多种机能开始减退,如骨骼密度降低,背部和下肢各部肌肉强度减弱,关节不舒服,易发生骨折和颈椎病等。骨质流失带来的问题主要体现为骨质疏松,女性在绝经期由于失去了雌性激素的保护,骨内矿物质的流失也开始加快。

2. 心血管功能

人体心血管机能在中年时期渐渐减退,心输出量不断减少,血压升高,容易出现高血压病、体位性低血压等。

3. 呼吸功能

随年龄的增长,肺泡口径扩大,肺血管数目减少,不利于气体交换。加之肺泡间质纤维量增加,肺的可扩张能力下降,肺活量减小,最大通气量减小,导致呼吸功能下降。

4. 消化和代谢

进入中年以后,消化和代谢率明显下降。由于代谢能力下降,胰岛素分泌减少,糖尿病发病率升高。

5. 生殖系统

女性在 45 岁以后,卵巢萎缩、月经失调,出现妇女更年期症状。一般为时 2 年，症状自然消失。此后，月经完全停止，不再排卵，生育能力丧失。

（二）老年女性生理特征

老年女性全身各器官功能普遍下降，整个机体发生退行性变化。雌激素分泌减少，脂肪代谢障碍导致皮肤脂肪减少或过多。老年女性由于分解代谢增加，钙质补充不足，容易发生骨质疏松或骨质软化症。

二、女性健身运动方式与强度

（一）女性运动方式

选择运动项目与个人兴趣有密切关系，女性要从自身身体条件和兴趣爱好出发选择有益健康的运动项目。

1. 促进骨骼健康的运动

骨质疏松是危及中老年女性健康的常见疾病，所以要及早加强骨骼健康防护，在 35 岁以前锻炼出强壮的骨骼，减少骨质流失，预防骨质疏松。女性可通过负重的力量练习而维持骨骼健康。

2. 促进心肺功能健康的运动

促进女性心肺功能健康的运动方式如下。

（1）健步走

研究指出，一周健步走 7 小时以上，乳腺癌、心脏病、糖尿病的患病率分别可以降低 20%、30%和 50%。每天散步 2.4km 以上，心脏病发作率降低 50%。

（2）慢跑

慢跑是最简单易行的有氧健身项目，跑步从生理学上是一项全面的运动，是安全的能够最大限度增强心肺功能的运动。在健身跑时，需根据自身基本状况把握运动强度，运用自我感觉法、心率判断强度大小。一般建议每分钟不低于 160 次。

（3）健身操

各种类型的健身操受到年轻女性的青睐。健身操具有健身、减肥、增强心肺功能等价值，而且这类项目变化多样，音乐富有激情，因此能弥补有氧运动的枯燥感。

（4）游泳

游泳运动深受女性欢迎。这项运动能牵动全身肌肉，使肌肉锻炼更全面，不同的泳姿充分乐趣，增加了锻炼的趣味性。

3. 修身养性项目

老年女性可以选择下列修身养性的锻炼项目。

（1）太极拳

练习太极拳对治疗心脏病、心血管疾病、关节炎和其他慢性疾病及提升心肺功能、促进骨骼生长、强化骨骼、缓解颈背疼痛等都有显著功效。

（2）柔力球

柔力球是既可以两人对练也可以集体参与的一项修身养性项目。老年女性参与这项运动可以促进交流，同时也能改善身体协调能力和平衡性。

（二）女性运动强度

运动强度的选择与年龄、健康状况、运动目标和运动基础能力等因素有关。女性参与的项目多为有氧锻炼项目，如各种健身操或健身舞蹈，这些有氧健身项目具有良好的健身塑形效果。不同年龄的女性在运动项目与强度的选择上要体现出差异性。年轻女性群体参与有氧运动项目，需要将靶心率控制在160次以下。老年女性群体在参与健身运动时一般要求强度不宜过大，要经常锻炼，循序渐进，持之以恒，宁可运动量不够，也不能盲目增加运动量，否则会带来运动损伤或造成运动疾病，危害身体健康，甚至造成生命危险。①

三、女性科学健身注意事项

（一）高频率低强度

女性进行体育健身要一高频率低强度为基本准则。由于女性的身体素质较男性相比更为柔弱，力量较差但是耐力较好，应该针对这一特

---

① 肖夕君．科学运动与健康[M]．长沙：湖南文艺出版社，2006．

性展开身体锻炼。尤其在刚开始进行锻炼时,提高频率并降低强度可以很好地调动其身体的适应性,也不会产生过度的疲劳,是非常适合女性的健身方式。而且,对于大众健身而言,一个有效的长期计划才更符合大众的实际需求,因为普通健身者没有必要在短期内追求明显效果。采用高频率低强度的训练方式,既符合女性的生理特性,可以有利于保持女性体力的稳定性。此外,强度过大的健身活动对女性的身体和心理压力都会增大,长期来看不利于运动的坚持,因此要避免高强度的训练。而频率过低则不容易养成身体记忆,也不利于习惯的养成,因此,女性的体育健身以保持高频率和低强度的方式进行最为有利。

（二）持之以恒是关键

对于大众健身而言,持之以恒是最重要的原则。因为没有强烈的约束力,大众进行体育健身有很大的随意性。常常表现为断断续续,甚至是三分钟热度。有很多女性在意识冲动下办了一张为期两年的健身卡,结果只坚持了一个月就再也提不起兴致。这不仅是经济上的浪费,而且对健康几乎没有任何帮助。体育健身是一个长期过程,只有坚持一段时间的锻炼之后身体才会逐渐呈现出效果,才会给人带来激励作用。有人坚持两个星期就希望看到立竿见影的效果显然是不现实的。因此,在准备体育健身之前,尤其女性朋友应该对运动有合理的预期。另外,所谓有效运动是指由运动强度和运动时间所达到的运动量。刚刚开始运动或长时间没有运动的人,最初两次运动一定要注意减轻强度,给身体一个逐渐适应的时间,以免对身体造成伤害。

（三）有氧无氧相结合

女性健身预期应该注意让有氧运动和无氧运动相结合。先进行一定的有氧运动,可以提高机体的有氧耐力以及有氧代谢能力,如慢跑、游泳、舞蹈和健美操等非常适合女性健身。同时为了塑造形体美,建议女性健身者还要结合一定的无氧训练,如结合一些哑铃等器械进行局部的力量训练,可以很好地起到塑造曲线的作用。因为单纯的有氧运动主要作用是减脂,并不能塑形。比如长期进行慢跑的人整体上身体呈现比较轻盈的体态,如果想具有更丰满的体态,可能就要借助无氧训练达到目的。总之,女性健身者可以根据自身的身体情况和健身目的选择最适合的自己的运动方式。但是整体而言,选择有氧运动和无氧运动同时进行，无论是为了更健康还是更健美，效果都更加明显好。

（四）饮食休息同样重要

完整的科学健身计划应该包含训练计划、饮食计划和保证良好的睡眠。在运动前要做好充分的热身准备，运动后也要进行一定时间的整理活动以帮助身体进行积极恢复。运动后适量补充水分，蛋白质和碳水化合物，以保证身体能量的及时补给。对于想增肌的健身者，运动后要补充大量的蛋白质，尽量避免脂肪含量高的食物。另外，运动后切记不要立刻大量饮水，否则会对胃肠、心脏和胰脏等脏器增加过大的负担。正确的方式是小口慢慢饮水，这样的饮水方法更有助于身体的吸收。

（五）其他注意

（1）选择宽松、弹性好、有良好的散热性的运动服装，避免汗水浸湿的衣服长久接触皮肤，影响皮肤正常代谢。

（2）运动前先卸妆，如果脸部残留化妆品污垢，会造成毛孔阻塞。运动后半小时内不要上妆。

（3）户外运动时做好防晒措施，避免头发遭受阳光及盐分侵蚀，运动后洗净头发。

（4）运动后沐浴时选择清爽浴液，洗去皮肤污垢，促进血液循环，调节皮脂腺与汗腺功能，使毛孔畅通，皮肤光滑，预防皮肤老化。

（5）夏天运动大量消耗体能，容易造成身体脱水、脱盐，所以应准备清凉消暑或低糖含盐饮料，适量补水。

（6）循序渐进逐渐增加运动量，若有不适感，暂停运动，及时处理，等恢复正常后再继续运动。

（7）水中运动要注意场地卫生，并做好安全防护。

（8）女性有特定的生理周期，月经期间运动量不宜过大。

第三节　患病、残疾群体的体育健身

一、患病群体的体育健身

（一）患病群体的身心特点

对于先天性生理原因、后天性生理原因或者临时性的生理原因无法正常参加常规的体育健身的人群，应该得到更多的关注。特殊体育人群无论是生理上还是心理上，都需要特殊的对待，比如进行体育健身时需要比身体健全护着健康的人有更好的条件支持。无论从技能指导还是心理指导，都非常重要，都是必不可少的内容。特殊群体的体育健身目的比普通健康人群更为具体，比如需要通过体育锻炼恢复和补偿其相应的功能缺陷，增进健康，提高生活适应能力，并且挖掘他们的其他一些潜能。

对于特殊群体，由于生理方面给他们的生活带来这样或者那样的不便，有时候会让这些消极的影响蔓延，如影响到他们的心理状况，如产生自卑、孤僻、社交恐惧等心理特征。但是进行科学的、规律的体育锻炼可以有效减轻这方面的困扰。因为体育运动不仅可以在提高身体机能，同时，由于在运动过程中伴随着机体分泌多种激素，如生长激素，对调节心理具有积极作用。因为生长激素能够让人产生放松、愉悦的感觉，所以人们经常能够感觉到，在运动后会有心情舒畅，神清气爽的感觉。而且，长期进行体育运动也会让人更有活力，更加自信，这也是对特殊人群非常有利的一面。

（二）患病群体的运动对策

由于造成他们身体健康情况不足或身体功能方面缺陷的原因各有不同，因此在参加体育健身的时候，他们的需求、目标、受限条件、采取的方式也会千差万别，需要非常专业的教练或医生指导下进行。以下仅以哮喘病人和心脏术后康复运动为例。

1. 哮喘病人的体育健身

有临床研究显示，适当的体能锻炼可以有效地帮助哮喘病人康复。进行相对全面的体能锻炼，可以改善哮喘病人的心肺功能、增强免疫力，减少感冒等呼吸道系统的患病概率，减少哮喘发作、巩固药物疗效和阻断病情进一步发展都具有重要意义。

因此，哮喘病人在进行体育锻炼时，应注意以下几个方面：

（1）选择合适的运动项目，如慢跑、自行车、瑜伽、游泳。

（2）避免在寒冷干燥的季节锻炼。

（3）每次运动前要做足热身与准备活动，运动后要认真做好放松运动，这样可以保证运动过程更加安全，效果更加明显。

（4）应该循序渐进地增强运动负荷。

（5）运动时间不宜过长，运动不宜过度疲劳。

（6）运动前预防性用药。

（7）急性发作期不宜运动。

2. 心脏术后康复体育运动

有很多的文献表明，心脏病手术后的康复运动对患者的心肺功能以及耐力提升都有不可替代的作用。冠心病具有高发病率和高致死率的特点，对人类生命健康产生严重危害。[①] 冠状动脉搭桥的术后康复运动、PCI 术后病人的心肺及耐力康复等都有稳定的数据支持。比如通过严格控制运动强度的步行、自行车、慢跑等有氧耐力训练，或者借助弹力带、哑铃等器械进行抗组训练认真执行医生制定的个性化运动方案半年后，病人在心肺指标和运动耐力方面都得到显著改善。

二、残疾群体的体育健身

据统计 2018 年的统计数据，中国残障人员数量超过 8 500 万人，占我国总人口的 6.2%。截至 2018 年，我国建立并投入运用的残障人员综合服务设备有 2 000 多个，总面积达 500 万平方米以上，总投资额 140

① 陈伟伟，高润霖，刘力生等.《中国心血管病报告2017》概要[J]. 中国循环杂志，2018，33（1）：1-8.

亿元以上，在整体的体育投入占比为1%。残障人群由于身体缺陷、场地资源有限、经济能力有限以及健身机构和教练不完善等各种原因，在发展身体健康方面比健康人群面临着更多的困，这导致我国残障人群参与体育健身的数字一直难以提高。在健康中国战略的推动下，希望能够尽快改善这一状况，逐步地、有针对性地促进残障群体的体育健身活动的开展，真正做到全面地提升中国国民的身体素质。

（一）残障群体健身常见问题

1. 自卑心理

残障群体由于身体上的残缺而造成在生活方面有一系列的不方便，并且，这在很大程度上也影响了他们的自尊的建立，很多残障群体都或多或少存在自卑心理。在很多方面，他们的心理特征、生活方式和行为特点等都具有特殊性。而且大多数的残障人士都感到自己或多或少存在心理障碍。

2. 适合残障人群健身的硬件不足

残障群体在开展体育健身时对于场地、器材、设施能硬件有更高的要求。但是以目前我国建立的公共健身场地的情况来看，绝大多数都不适合残障人群开展健身活动，这也是特殊群体进行体育健身所要面对的现实困难。运动场地及健身器材是人们进行健身锻炼、体育活动的重要基础。现有的场地中很少有能被残障人员有效使用的健身场地和设施，这些都是影响残障人员锻炼健身的主要问题。大多数残障人员主要在社区、公园和学校里进行体育锻炼及体育运动。而大多数的场馆设备条件不仅不能满足他们的健身需求，而且健身器材的质量也不能保证，很容易损坏。残障人员对场地设备的需求较高，如果没有契合残障人员身体特性的专用场地和设备，他们是健身选择将非常有限，只能进行一些快走、散步等休闲健身活动。而若想发展足球、篮球甚至一些器械性的健身活动，基本上没有合适的场所可以进行。因此，在今后的社区、场馆等建设中，应该考虑到残障人权的特殊需求，在设计之初就要添加进可供残障人员使用的相应设施和功能。

3. 缺乏相应的体育锻炼指导人员

由于起步较晚，我国针对残障人员体育健身指导员的培训培养也较为滞后，这为快速有效地推进残障人群的健身活动带来困难。残障人群由于身体方面的缺陷，在进行体育运动的时候和普通人不同，他们需要更加专业的健身教练的指导，只有这样才能保证其体育运动能够在科学、有效的前提下进行，否则反而会给身体带来新的隐患。尽管近些年来已经得到国家和社会的重视，但是整体而言，我国针对残障人群的体育健身指导员仍然存在着大量的缺口，这也是制约着残障群体大量发展体育健身活动的原因之一。

（二）残障群体参与健身的对策

1. 完善社区健身硬件设施

为了促进残障群体能够顺利开展体育健身活动，首先应该从社区的健身器材等硬件设施着手。社区是残障群体开展体育健身活动最便捷、最有效的场所，因此应该加强对社区残障健身器材的投入力度，积极有效地对现有体育锻炼资源加以利用，增强社区锻炼和健身硬件设施的多元化和全面化，尽可能地丰富社区健身功能。各机构应重视起残障人员体育锻炼设备的设计、规划、生产、投入和维护等工作。与此同时，在城市广场、公园、公共环境中也应该相应地增加适合残障人员进行健身活动的设施和硬件设备，让整个城市发展成为对弱势群体，尤其是残障人群充满尊重、关爱的环境，使健康中国的建设从教育宣传、环境建设以及人文培育等多个方面着手进行。

2. 加强社区健身的组织管理

社区是城市建设的重要组成部分，也是推进健康中国与全民健身运动的重要场所。它具有社会性、文化性与政治性的多重意义。在逐渐推进残障人员社区锻炼和健身活动的工作中，应该从社区的组织管理着手，残障人员结合会、残障人员体育协会应积极与社区进行沟通与合作，努力促进残障人员体育锻炼及体育运动的各项活动的开展。居委会作为社区工作的直接受理者和促进者，在社区与残障人员的沟通和交流方面具有明显的优势。因而，社区居委会应承担起更多的组织协同工作,主动关心本社区的残障人群的身体状况和健身需要,并主动与地方残障人员委员会加强交流,共同创新残障人员帮扶形式,树立以社区为中心的组织管理体系。

3. 加大基层专业体育教练配套

为了进一步发展以社区为单位的残障群体的体育健身活动,促进社区残障人员健身运动的开展,应该加大宣传对体育教练及辅导人员队伍的建设价值。目前,我国许多地区已将残障人员体育开展归入社会体育指导体系,并且具体到如何依据残障人员的特性选择培训内容和培训技艺。这对提高我国大众体育健身的科学性和可持续性提供了有力保障。日后,会有一批批的训练有素的教练员走进社区,他们可以为残障人员的运动提供权威的指导和支持,从而为我国的残障人群体育健身训练走上新的发展阶段。

4. 增加社区健身建设的经费投入

提高社区的健身实施需要加大资金投入,而资金投入仅仅依靠政府支持显然是不够的。因此,应该号召广大的社会力量积极参与到建设工作中来,以缓解各地建设资金短缺的问题。目前,每年能够如期举行的残障人员体育赛事较少,规模也都相对较小,影响力更加十分有限。因而,各级政府和社区应该发挥出积极作用,为社区体育健身和锻炼争取开拓更多的资金来源,拓宽社区锻炼和健身锻炼的融资渠道。政府等有关部门还应将残障人员体育支出归入地方预算。增强对残障人群公益金的支持,确保地方公益金中至少有 20% 用于支持当地残障人群的体育事业的开展。此外,地方红十字会等慈善机构也应该发挥出应有的作用,努力为各地的残障人群的体育事业发展筹集资金与各种社会资源,鼓励社会企业捐款和爱心人士的支持。总之,发展社区的残障体育事业需要社会各方力量的共同努力。

参考文献

[1] 樊炳有 . 社区体育论 [M]. 北京：北京体育大学出版社，2003.

[2] 王凯珍，李相如 . 社区体育指导 [M]. 桂林：广西师范大学出版社，2005.

[3] 顾渊彦，李明 .21 世纪中国社区体育 [M]. 北京：北京体育大学出版社，2005.

[4] 张发强 . 全民健身综论 [M]. 北京：人民体育出版社，2007.

[5] 曲宗湖 .21 世纪中国社区体育 [M]. 北京：北京体育大学出版社，2005.

[6] 刘清黎 . 学校体育学 [M]. 北京：人民教育出版社，2007.

[7] 谢晶仁 . 社区文化建设新论 [M]. 北京：中央文献出版社，2007.

[8] 徐宏，吕金江，陈强 . 社区体育指导 [M]. 北京：北京师范大学出版社，2009.

[9] 李春兰 . 现代新型社区体育的建设管理与项目开发研究 [M]. 北京：中国社会科学出版社，2016.

[10] 王冬梅 . 全民健身理念解读与运动方法研究 [M]. 北京：中国水利水电出版社，2016.

[11] 游艳玲 . 社区发展规划 [M]. 北京：科学出版社，2016.

[12] 张兴杰，叶涯剑 . 社区管理 [M]. 北京：科学出版社，2016.

[13] 周庆海 . 传统养生功法 [M]. 北京：化学工业出版社，2011.

[14] 王凯珍，赵立 . 社区体育 [M]. 北京：高等教育出版社，2004.

[15] 王凯珍，李相如 . 社区体育指导 [M]. 桂林：广西师范大学出版社，2005.

[16] 冯晓丽 . 老年体育活动指导师实务培训 [M]. 北京：中国劳动社会保障出版社，2015.

[17] 修晓雨 . 儿童少年体育卫生 [M]. 沈阳：沈阳出版社，2004.

[18] 董进霞 . 女性与体育 历史的透视 [M]. 北京：北京体育大学出版社，2010.

[19] 程瑞辉，刘锐，韩英 . 社区体育健身指南 [M]. 哈尔滨：哈尔滨地图出版社，2005.

[20] 何玲等 . 球类运动手册 [M]. 北京：金盾出版社，2012.

[21] 唐雪姣 . 形体运动与健康美 [M]. 长沙：湖南师范大学出版社，2014.

[22] 刘兵 . 我国社区体育发展现状的分析与研究 [J]. 平顶山工学院学报，2006（4）.

[23] 刘建平 . 我国社区体育存在的问题与对策研究 [J]. 体育学刊，1999（3）.

[24] 苏龙，张庆武 . 我国社区体育发展中存在的问题及对策 [J]. 体育成人教育学刊，2005（1）.

[25] 柏杰，朱仁康 . 我国社区体育的发展现状及对策 [J]. 沈阳体育学院学报，2003（1）.

[26] 王凯珍，任海等 . 我国城市社区体育的发展现状及发展趋势 [J]. 体育科学，1997（5）.

[27] 李大为 . 对社区体育发展趋势走向的探讨 [J]. 理工高教研究，2005（4）.

[28] 江宇，陈燕 . 我国大、中、小学体育现状的理性思考 [J]. 淮阴工学院学报，2001（6）.

[29] 柏杰 . 社区体育的发展对学校体育教学的影响 [J]. 四川体育科学，2004（6）.

[30] 姜海银 . 对我国学校社区一体化发展的研究 [D]. 安徽师范大学硕士研究生论文，2006.

[31] 张晓林 . 高校体育与社区体育的互动研究 [D]. 重庆大学硕士研究生论文，2007.

[32] 何艳君 . 论社区体育与学校体育的协调发展 [D]. 广西师范大学硕士研究生论文，2005.

[33] 王三保，郭敏 . 从终身体育的角度看学校体育和社区体育的协调发展 [J]. 体育成人教育学刊，2007（2）.

[34] 赵培军，郭春燕 . 对学校体育与社区体育相结合的探讨 [J]. 四

川体育科学,2004（9）.

[35] 陈喜珍 . 学校体育与社会体育的一体化研究——以辽宁省为例[J]. 现代教育管理，2009（3）.

[36] 杨枭 . 学校体育与社区体育互动研究的现状与对策 [J]. 咸阳师范学院学报,2006（8）.

[37] 黄新 . 试论学区体育理念的理论和实践价值 [J]. 体育科技文献通报，2008（12）.

[38] 宣海德等 . 试析学区体育模式的建立 [J]. 安徽体育科技，2006（10）.

[39] 全国华,徐康华 . 学区体育与社区体育关系的探讨 [J]. 井冈山医专学报，2008（3）.

[40] 李敏卿 . 试论终身体育、学校体育和全民健身 [J]. 华南师范大学学报,2001（6）.

[41] 王明，张开媛 . 城市社区体育与学校体育一体化发展研究——以宿州市区为例 [J]. 攀枝花学院学报：综合版，2014.

[42] 邱团，姚婷 . 广西城市社区体育发展 SWOT 分析 [J]. 体育科技，2016（1）：3.

[43] 焦扬 . 略谈学校体育与社区体育互动发展的现状与影响因素[J]. 灌篮，2020（30）：2.

[44] 冯燕 . 濮阳市社区体育与学校体育互动发展的现状及对策研究 [J]. 四川职业技术学院学报，2010，20（1）：3.

[45] 李大为 . 新世纪学校体育与社区体育的关系 [J]. 武汉体育学院学报，2005，39（2）：3.

[46] 曲家林，黄新峰，曹原 . 学校体育与社区体育一体化发展的SWOT 分析 [J]. 体育研究与教育，2011，26（3）：17–22.